続 事前の一策

元気宅配便

細江茂光 著

平成26年 ２０１４

平成27年　２０１５

平成28年　２０１６

平成29年　２０１７

平成30年　2018

はじめに

「広報ぎふ」に連載した『市長の元気宅配便』を『事前の一策』というタイトルで２０１３（平成25）年に本にさせていただいてから、早いもので既に５年が経過しました。今回、『続・事前の一策』として２０１３年１月１日から２０１８年２月１日の間の１２１編をまとめて発刊させていただくことになりました。

さて私は、２００２（平成14）年２月に就任以来、４期（正確には５期）16年にわたって務めさせていただいた岐阜市長の職を、このたび退任いたしました。16年間というのは長いようで、実はあっという間のように感じます。まさに浦島太郎の心境です。市長という職は１日24時間、１年３６５日、いっときたりとも気を抜けない仕事です。16年間昼夜を問わず緊張し続けたため、時間の流れをじっくりと味わえなかったせいでしょうか。

岐阜市政初の民間出身市長として就任した16年前、市民の皆さんからの期待の大きさに身震いしたのを今でも鮮明に覚えています。「行政は究極のサービス業だ」「市民目線で」「徹底的な行財政改革による健全財政を」「課題を先送りするな」など、機会あるごとに私の思いを市職員に訴えてきました。その結果、市職員の意識は明らかに変わってくれたものと私は認識していますが、市民の皆さんのご評価はいかがでしょうか。

優秀な市職員の能力が存分に発揮されることこそが、市民の皆さんへの最大の貢献につながるわけですから、市職員の意識改革は最優先事項なのです。

さて『市長の元気宅配便』でもたびたび触れてきましたが、これからの時代のキーワードは「人生１００年時代」やＡＩ、ＩｏＴなどに代表される「第４次産業革命」、さらには「広域連携」などでしょう。もちろんこれ以外にも「未知の変化への対応」「大規模災害対応」などいろいろあります。しかしもっとも大切なのは時代を先読みする力、洞察力ではないでしょうか。

未来を洞察した「事前の一策」により、将来想定されるさまざまな複雑で難解な課題（「事後の百策」）を避けることができるでしょう。この姿勢は政治家や行政職員にとどまらず、市民の皆さん一人ひとりにも求められる時代だと思います。

最後に岐阜市民の皆さんに一言。

グッド・ジョブ！「よくやったね！」

グッド・ラック！「これからも、がんばれ！」

平成30年2月吉日

細江茂光

謹賀新年 2013年
豊饒《ほうじょう》〝人間主義都市〟岐阜

新年明けましておめでとうございます。本年も市民の皆さんにとって輝かしく、実り多い年になることを、心からお祈りいたします。新しい年です。過去の悲しみ、苦しみなど、この際、すべてをリセット（ご破算に）し、未来に向かって新たな挑戦をする年にしようではありませんか！ ちょっと周りを見渡してください。困った人、苦しみ、悲しんでいる人はいませんか？ もしいたら、励まし、なぐさめ、支え合おうではありませんか！ 私たち日本人は苦しい経験を通して、絆の大切さを学んだのですから。「忘《もう》己利他《こりた》」。自分のことは忘れ、ひたすら他人のために貢献する、今年は、みんながそういう思いで事にあたる、そんな年になってほしいものです。

財政危機、消費税、生活保護費、医療費・介護費など私たちの周りはお金にまつわる話で満ち満ちています。〝経済のない政治は寝言と同じ〟。いくら政策が素晴らしくても、それを実現するお金がなくては絵に描いた餅で、やはりお金も大切です。しかし、そのお金や、食べ物、エネルギー、衣服、住居などはすべて、人の幸福のためにあるわけで、あくまでも人が主役なのです。皆さんはどんな時に幸せだと感じますか?健康な時、新しい知識を得た時、困っている人を支えることができた時など、人により千差万別です。

岐阜市ではかねてから、人間が主役の都市、人間主義都市を目指してきました。人は物質的な豊かさだけでは満たされません。そんな人の心に豊かさ（心の豊饒）が得られるまちこそ私たちの目指す都市像です。そのため岐阜市では人への投資を一番に考えています。多くの鉱物資源を持たない日本ですが、人（人財、人材）という素晴らしい資源があります。その人の持つ多種多様な能力を引き出し、それに磨きをかけるのが教育の役割です。日本の将来はひとえにこの人材育成、教育にかかっています。

今年は巳年《へび》です。杖《つえ》に永遠の命を現すヘビが巻き付いたデザインは、古代ギリシャの医神「アスクレピオス」の杖と呼ばれ、医学・薬学を象徴し、世界保健機関（ＷＨＯ）のマークにもなっています。巳年の今年、岐阜市では医療と教育への投資を積極的に行い、医療健康立市と教育立市の旗の下、「豊饒 人間主義都市」を目指します。

最後になりますが、今年一年、市民の皆さまが健康で幸福にお過ごしになられることを心からお祈りいたします。

（平成25年1月1日号掲載）

221

郷土の偉人 日韓の架け橋 水崎林太郎

これまでに「元気宅配便」で紹介しました平生釟三郎《ひらおはちさぶろう》〈115号〉、原三溪《はらさんけい》〈159号〉に続き、今回は3人目の郷土の偉人・水崎林太郎《みずさきりんたろう》を紹介したいと思います。

昨年は日本と中国、韓国の間で尖閣諸島、竹島の領有権をめぐる事案が大きな国際紛争に発展しました。韓国大統領の竹島訪問や、日本政府の尖閣諸島国有化方針に端を発した紛争は外交のみにとどまらず、深刻な経済問題を引き起こし、また、さまざまな自治体交流や民間交流にも大きな影響を及ぼしました。昨年は、ちょうど岐阜市と杭州市の日中不再戦の碑文交換50周年、日中国交回復40周年という記念すべき年であり、その年にこのような事態となったことは大変残念に思います。

水崎林太郎墳墓

歴史的に見ると、中国、韓国、インド、ヨーロッパなどのさまざまな文明が両国経由で日本にもたらされました。日・中・韓はまさに一衣帯水《いちいたいすい》の関係、切っても切れない近い隣人なのです。文明の交流とともに多くの人的交流も行われてきました。水崎林太郎は１８６８（明治元）年、現在の岐阜市加納に生まれました。加納町長を務め、岐阜県農林学校（現在の岐阜農林高校、当時は加納にあった）の創立にも奔走したと加納町史に記されています。

その水崎林太郎は１９１５（大正４）年、47歳の時に開拓農民として朝鮮（現在の韓国）に渡りました。現在の大邱《てぐ》広域市の農場に土着した林太郎は持ち前の勤勉さと闊達《かったつ》さで土地改良組合の組合長に就任し、朝鮮総督府から予算を獲得するなどして灌漑《かんがい》用の貯水池の造成に尽力しました。自らもスコップを持って造成工事に参加したようです。同氏の功績をたたえ、現地には墓が築かれ現在も韓日親善交流会会長の徐《そ》氏が墓守をしておられます。そういった縁で1999(平成11)年には岐阜市から民間の墓参団が訪問。2002(平成14)年6月には徐氏が来岐。2009(平成21)年には大邱広域市・寿城《すそんく》区の区長が来訪され、鵜飼観覧を楽しみました。

福岡市の「博多座」で水崎氏と徐氏の国を超えた友情を描いた「舞台劇〝韓日人〟」が上演される予定と聞きます。〝短身で知略あり、世間の人から「太閤様」と愛称された〟といわれる郷土の偉人・水崎林太郎がどんなふうに演じられるのか、ちょっと楽しみではありませんか?

(平成25年1月15日号掲載)

222

一日一笑 笑いの効用

毎年お正月に今年の一字を発表させていただきます。今年の一字は「笑」としました。「笑門来福」（笑う門には福来る）と言います。笑っていると必ず何か良いことが起こる気がします。日本は長い間のデフレ不況や大震災などで苦しくて辛《つら》い時代を経験してきました。そろそろこの苦渋から解放されて皆が〝わっはっは〟と笑えるような時代になってもいいのではないでしょうか？

渡辺京二の『逝《ゆ》きし世の面影』には明治初期に訪日した欧米人の、当時の日本人に対する印象がいきいきと綴られています。江戸から明治になったばかりの日本では、子どもたちはやせ細って色黒だけど、目はいきいきと輝き、何かあると、すぐに笑い転げていたようです。幼い子どもがその弟か妹を背負って子守をするなど、決して物質的には恵まれていなかったものの、家族愛に満ち、人懐こく、ニコニコと笑いかけるなど、精神的には大変充実し、心豊かだったようです。現代に生きる私たちもケラケラと笑い転げる日本人本来の明るさと楽天主義を取り戻したいものです。

笑いには健康面での効果もあります。笑うと人間の持つ抵抗力が高まるのです。人間は約60兆個の細胞でできているそうです。その細胞が次から次へと生まれ変わっていく際に、コピー間違いが起こり、健康な人でも一日に3千~5千個のがん細胞ができるのだそうです。にもかかわらず、がんにならないですむのは人間の身体にあるナチュラルキラー細胞（NK細胞）が、がん細胞を退治してくれるからです。笑いはこのNK細胞を活性化すると実験で証明したお医者さんもいます。この他にもストレスを低下させたり、血糖値が上がるのを抑制したりと、笑いには良いこと尽くめの効果があります。

2月24日に開催される全日本学生落語選手権「策伝大賞」は今年で記念すべき第10回を迎えます。出場校、出場者数いずれも年々増加の一途をたどっており昨年は51校

２５０人と史上最高でした。今年も桂文枝（三枝改め）、立川志の輔両師匠に参加していただきます。皆さんと一緒に大いに笑い転げ、盛大に10周年を祝いたいと思っています。すでに観覧応募人数も４３００人を超え昨年を大きく上回るなど市民の皆さんにも大いに盛り上げていただいています。一日一笑、今年も存分に笑い、健康で明るいまちをつくろうではありませんか。

（平成25年2月1日号掲載）

223

郷土の偉人 久松真一 茶禅一味の世界

１８８９（明治22）年、岐阜市が誕生したその年、久松真一《ひさまつしんいち》は長良村で生を受けました。久松は京都大学文学部哲学科を卒業後、花園大学や京都大学で教鞭《きょうべん》をとり、京都大学教授を退官後は京都市立美術大学の教授を経て85歳の時に岐阜市長良福光に移り住み、６年後の１９８０（昭和55）年、岐阜市で90歳の生涯を終えました。長良福光の旧宅は現在「久松真一記念館」として一般公開されており、シニア層だけではなく茶道や禅道に関心のある若者や女性の間でもブームとなり静かな賑《にぎ》わいを生んでいます。

久松は東洋哲学、仏教、日本思想を研究し、哲学者・西田幾多郎《にしだきたろう》や禅学の鈴木大拙《すずきだいせつ》に影響を受けながらも、最後は両氏にも並び称される日本の代表的な禅・哲学思想家となりました。師でもある西田幾多郎からは「抱石庵《ほうせきあん》」という号を贈られ久松の居宅や茶室の名前になっています。中国の寒山詩〝白雲幽石を抱く〟に由来すると言われる「抱石庵」は〝石を抱いて、自分を捨て去れ〟という意味のようです。

欧米での遊学や講演の経験がありハーバード大学の客員教授でもあった国際派の久松は『東洋的無』をもって西洋的無の限界に挑んだ禅・哲学思想家である一方、書家、茶人としても活躍し、裏千家の指導と後援のもと、同氏が設立した京都大学心茶会《しんちゃかい》はその後、全国組織の心茶会として改組され各地に支部が設立されています。茶道と禅は一体で不可分のものだという茶禅一味を実践した久松は茶道と禅は歴史的に見ても作法の精神性を見ても、それぞれが影響しあい一体不二《いったいふに》の関係であることを説きました。

少々ですが、私も茶と座禅を嗜《たしな》みます。両者に共通するのは〝無〟とか〝空〟という概念です。自分を無にすれば物質的で表面的なものだけに目を奪われることなく、自然や他人の心といった目に見えないものにも大きな価値を見いだすことができるということを教えてくれているような気がします。健康で、自分の持つ能力が最大限に発揮でき、自己犠牲を払ってでも、人と人がお互いに支えあうことを実感できる時に、人は初めて幸福を感じることができます。今年、豊饒《ほうじょう》人間主義都市を掲げる岐阜市は、心の豊かさを得られ、人こそが主役というまちづくりを目指し、教育や医療・健康など人への投資を続けていきます。

（平成25年2月15日号掲載）

224

「空腹力」
空腹が持つ健康と長生きの秘密

人間には記憶力、忍耐力、洞察力、寝る力（睡眠力）、忘れる力（忘却力）などいろいろな力が備わっていますが、今回は最近注目されている空腹が持つ力、空腹力についてのお話です。アメリカの大学での猿を使った面白い実験が報告されています。十分な食事を与え続けた猿の群れと、30％のカロリー制限をした群れの20年後の比較をしたもので、十分な食事を与えられた群れは、毛が抜けたりシワが増えたりと相応な老化が見られた一方で、カロリー制限をした群れは、毛はフサフサ、肌もツヤツヤと、大変若々しかったというものです。

人類はかつて氷河期などの寒さや飢えに耐えながら生き延びてきました。その過酷な環境に耐える中で、サーチュイン遺伝子、飢餓遺伝子、長寿遺伝子ともいわれる生命力遺伝子を獲得してきました。この遺伝子は、老化やがんを防止したり、免疫力を高めたりして私たちを長生きさせてくれる素敵《すてき》な遺伝子です。しかしこの素晴らしい力をもつ飢餓遺伝子も、その名のとおり飢餓状態にならないと活性化されません。いつも満腹の状態ではこの遺伝子が活性化されないことを証明したのが、猿を使ったアメリカの大学での実験だったのです。

飽食の時代といわれる現代、いともたやすく食べ物が手に入ります。つい必要以上に食べ、お医者さんからメタボや糖尿病予備軍と宣告された人も多いでしょう。〝空腹〟こそが健康・長寿のための魔法の言葉です。禅修行に励む雲水さんの食事はきわめて質素です。私も坐禅会に参加していますが、朝食はお粥《かゆ》と漬物だけ。なのに雲水さんたちは、きれいに剃《そ》りこんだ頭の天辺《てっぺん》から裸足《はだし》のつま先まで、真冬でもまるで湯上がり直後のようにツヤツヤと健康的です。江戸時代に84歳と、当時としては大変長生きした医学者・貝原益軒《かいばらえきけん》はその著書『養生訓《ようじょうくん》』の中で、淡泊なものは良し、味が濃いもの、脂っこいものは避けるようにと説きます。

〝人は食べたものの4分の1で生きられる。残りの4分の3は医者のために食べている〟（過食は病気のもと。お医者さんをもうけさせるだけ）これは約3800年前のピラミッドに刻まれた名言です。また、空腹は老化を防ぎ、長寿をもたらすほか記憶力の回復にもつながるようです。

〝過ぎたるは及ばざるに劣る〟です。〝過食は空腹に劣る〟を肝に銘じ、素晴らしい人間の潜在力「飢餓遺伝子」の目を覚まさせようではありませんか！

（平成25年3月1日号掲載）

225

色即是空の世界
〝形あるものは、実は空〟

般若心経《はんにゃしんぎょう》というお経の中に色即是空・空即是色というまさに禅問答のような一節があります。〝形あるものの本質は、無であり空である〟と説くのですが、実はこれを宗教の世界の話と片付けるわけにはいかないようです。人間も動物も植物も石も地球上のあらゆる物質はすべて分子でできており、その分子をさらに細分化すると原子になり、素粒子になり、とどのつまりはクォークという〝エネルギーの振動〟になるのだそうです。

形ある物も無い物も究極はエネルギーの振動らしいよという話をしていたら、ある友人から〝見えない物を視《み》、声なき声を聴け〟という荘子の言葉を座右の銘にしておられる岸根卓郎《きしねたくろう》京都大学名誉教授の話を聴いてみないかと誘われました。大変興味深いお話ばかりでしたが、その一端をご紹介したいと思います。先生は京都大学農学部を卒業後、京都大学や中国の南京経済大学などの名誉教授に就任され、農政学を皮切りに統計学、教育論、環境論、国土政策論から文明論、宗教・哲学まで幅広い学際領域を極められ、多数の著書を記しておられます。

先生は〝万物は対立する存在があって初めて存在できる、つまり万物は対立する存在なしで、単独で存在することはできない〟と説かれます。生と死、表と裏、明と暗、有と無、男と女など世の中には必ず二極対立の法則が存在すると言われるのです。東日本大震災は私たちに、人の英知と自然の脅威、自分と他人という二極を認識させ、その調和を図っていくこと（共生、絆）の大切さを教えてくれたのではないでしょうか？

先生は東西の文明の違いにも言及されます。東洋文明は直感や哲学を大切にする自然親和型・自然共生型文明で、一方の西洋文明は論理性や科学性を重視する自然対決型・自然支配型文明とされます。これは脳の構造の違いにあるそうで、東洋は〝あいまいさ〟や〝わび・さび〟などの自然美を愛《め》でる右脳型文明であり、西洋は幾何学美や完成美など人工美を愛でる左脳型文明であることによるとされます。また、日本人の脳は大変ユニークな左・右脳融合型で科学（左脳）と芸術・文化・宗教（右脳）を一体化して考える能力に優れており、今後西洋文明と東洋文明の融合に大きな役割を果たすことが期待されているそうです。

華々しく見える物も所詮《しょせん》エネルギーの振動です。物から心へと叫ばれる昨今、心の豊饒《ほうじょう》こそが真に求められているのではないでしょうか。

（平成25年3月15日号掲載）

226

式年遷宮と時代模様

今年は20年に一度の伊勢神宮・式年遷宮の年です。式年遷宮とは20年ごとに新しい社殿を建立し、そこへ神様を遷《うつ》すお祭りで、戦国時代や第2次世界大戦直後などの一時期を除き、持統天皇の時代（６９０年）から実に１３００年以上にわたって受け継がれてきている伝統の行事です。20年ごとである理由については諸説あるようですが、伝統の建築技術を後世に継承していくのには20年が一つの区切りと考えられたとも言われています。式年遷宮には日本古来の伝統を次の世代に残していくための先人の知恵も込められているのでしょう。

この遷宮には５００億円以上とも言われる巨額の費用が投じられるそうですが、計画も壮大で、1回の遷宮に1万本以上が必要とされるヒノキなどの御用材は200年計画で植林されているのだそうです。このように気長で遠大な事業は日本人の緻密で生真面目な性格と崇高な信仰心があって初めて成し遂げられるのでしょうか？

さて、伊勢神宮には社殿用に東と西の二つの敷地があり、伊勢の地では古来、東の敷地に社殿がある20年間を「米座（こめざ・こめくら）」の時代、西の敷地にある20年間を「金座（かねざ・かねくら）」の時代と呼び、〝遷宮のたびに時代が変わる〟と言われてきたようです。米座の時代は〝精神の時代〟で、平和で心豊かな20年間、一方で金座の時代は〝経済の時代〟とされ、波乱、激動、物質欲の強い20年間とされます。今年の10月には東の敷地から西の敷地に遷宮され、いよいよ米座（精神の時代）から金座（経済の時代）に変わることになります。

四日市大学の東村教授によれば、江戸末期の金座の時代（1849～1869年）には、黒船来航、江戸幕府の終焉《しゅうえん》など波乱万丈、続く明治初めの米座の時代（1869～1889年）は文明開化を謳歌《おうか》した心の充実した時代であったことなど、20年ごとの時代模様の変遷は歴史的にも実証できるそうです。

今年は金座（経済）の20年間の幕開けの年ですが、脱デフレが叫ばれる中での株高、円安など、まさに日本の経済は年初からさっそく大きく動こうとしています。経済（金座）の時代にあっても、物質的豊かさだけに目を奪われず、精神性の高い心豊かな人間主義社会の実現のため、諸課題の解決にあたる20年間であってほしいものです。

（平成25年4月1日号掲載）

227

知と絆と文化の拠点「みんなの森 ぎふメディアコスモス」

いよいよ今年度、市立図書館を含む複合施設〝ぎふメディアコスモス〟の建設が始まります。昨年岐阜市が主催した講演会で、尾木ママこと尾木直樹先生は〝読書量はその国や地域の文化度を示す〟と述べられました。図書館の規模や質はその都市の文化度を計る上での重要なバロメーターだということです。さて、現在の岐阜市立図書館はと言いますと、築55年と古い上に、バリアフリーになっておらず、人口が20万人以上の全国の自治体133市との比較でみると、延べ床面積や蔵書数はそれぞれ122位、124位とたいへん低い水準にあります。

新図書館ができますと、蔵書数20万冊が約4倍の90万冊へ、また座席数も130席か

旧岐阜市立図書館本館

ら7倍の910席へと大幅増になります。受験生の皆さんや、生涯学習に励む高齢者の皆さんにもじっくりと腰を落ち着けていただける滞在型図書館を目指しています。知的好奇心、心の安らぎ、人とのふれあいなど、それぞれに求めるものは違うでしょうが、大いにこの場を活用していただきたいものです。年間100万人ほどと期待される来館者は、私が名づけた〝静かなる賑《にぎ》わい〟をこの地域に創出してくれるものと期待しています。

愛知県の岡崎市では、従来は17万人程度だった年間来館者数が、2009（平成21）年の新図書館の開館にともない約10倍の160万人程度まで劇的に増加したそうです。岐阜県庁に続いて岐阜大学病院が去り、火が消えたように寂しくなったこの地域が、再び元気に息を吹き返す日も間近でしょう。さて、この〝ぎふメディアコスモス〟の設計者、伊東豊雄氏が「建築界のノーベル賞」と言われるプリツカー賞を受賞されたと先日、報道されていました。昨年のイタリア、ベネチア・ビエンナーレ建築展での最高の金獅子賞に続く快挙であり〝ぎふメディアコスモス〟に対する関心や知名度が、一段と高まるものと大いに期待するとともに、ちょっと誇らしげにも感じます。

この無限の可能性を秘めた〝ぎふメディアコスモス〟の一刻も早い完成を期待し、完成の暁には、みんなで大いに楽しみ、交流し、かつ学ぼうではありませんか！

（平成25年4月15日号掲載）

228

織田信長サミット in 甘楽町

4月13、14の両日、群馬県甘楽町で岐阜市、名古屋市、近江八幡市、清洲市、小牧市など10市町が参加し、第25回織田信長サミットが盛大に開催されました。甘楽町は江戸時代に織田信長公の次男、織田信雄《のぶかつ》以来8代152年にわたって織田家の統治が行われた地で、江戸時代も織田家の血筋が脈々と受け継がれてきていたことに少々驚かされます。甘楽町の崇福寺《そうふくじ》には織田家7代の五輪の墓塔が大名の墓らしく堂々とした風情で残されていました。

昨年、織田家ゆかりの広大な大名庭園〝楽山園《らくさんえん》〟が復元されました。なだらかな稜線《りょうせん》を連ねる山々を借景した楽山園は、論語の〝智者《ちしゃ》（知恵者）は水を楽しみ、仁者《じんしゃ》（人徳

織田信長サミット（群馬県甘楽町）

者）は山を楽しむ〟にちなんで命名されたそうで、群馬県初の国指定名勝になっています。歴代の殿様がたたずんだと言われる、池のほとりの拝石《おがみいし》に立てば、静かなる山々を楽しむ心境になること間違いなしです。

甘楽町のすぐ隣に富岡製糸場で有名な富岡市があります。富岡製糸場は、生糸の増産と品質向上を目指して、１８７２（明治５）年に明治政府により日本初の機械製糸工場として設立され、１９８７（昭和62）年まで現役の製糸工場として稼働してきました。約1万5千坪の広大な工場は今も貴重な近代化遺産として保存され、２００５（平成17）年には「旧富岡製糸場」として国の史跡指定を受けるとともに、日本の世界遺産暫定リストに加えられるなど、世界遺産登録を目指して積極的な取り組みが行われています。

岐阜市は、この富岡製糸場と浅からぬ縁で結ばれています。官営の富岡製糸場は1893（明治26）年に三井家に払い下げられ、その後の1902（明治35）年には三井家から原合名会社に譲渡されています。この原合名会社の社主原三溪《はらさんけい》は岐阜市柳津町の出身で、生糸の商売で大成功し、蚕糸業界では「世界のハラ」と呼ばれるとともに、日本の蚕糸業近代化の旗手とも言われました。原三溪は岐阜市が誇る郷土の偉人なのです。同氏は1923（大正12）年の関東大震災の際には横浜の復興に大いに尽力され「横浜の大恩人」とも称された人です。旧富岡製糸場で世界遺産登録を目指す富岡市と、鵜飼の無形文化遺産登録を目指す岐阜市のこの縁をうまく生かしていきたいものです。

（平成25年5月1日号掲載）

229

奮闘！ 岐阜市科学館〝ぎふっ子〟からノーベル賞を！

日本人のノーベル賞受賞者は米国籍の南部さんを含め全部で19人です。このうち、昨年·iPS細胞の研究で受賞された山中伸弥教授を含め16人（84％）が物理学、化学、医学生理学など、いわゆる自然科学系の分野での受賞です。今後、知識立国·日本として〝知恵〟で世界に伍《ご》していかねばならないわが国にとって、自然科学分野での能力向上はますます重要な課題になってきます。

しかし残念ながら近年、子どもたちの「理科離れ」が危惧され、特に高学年になるほどどこの傾向は強まっています。こうした中、かねてから教育立市を掲げる岐阜市では、特に理科系の分野での学力向上に力を注いできました。その中心的役割を果たしているのが岐阜市科学館です。科学館の最大の使命は体験学習、展示などを通じて、楽しみながらいつの間にか子どもたちが科学・技術への理解を深め〝理数系〟大好き人間になってもらうことです。

そのために岐阜科学塾、親子科学教室などのさまざまな科学教室や、ロボカップジュニア、ぎふサイエンスフェスティバル、スターウオッチング（駅前観望会）などのイベントのほか、子どもたちに大人気の恐竜展や昆虫展などさまざまな事業を展開しています。昨年はぎふサイエンスフェスティバルの一環としてノーベル賞受賞者の益川敏英教授の講演会も開催しました。

中でも私の最大のおすすめは「プラネタリウム」を使った各種イベントです。先日、宮沢賢治原作のプラネタリウム番組〝銀河鉄道の夜〟を鑑賞しました。ドーム一面に映し出される天の川やいろいろな星座、その中を疾走する銀河鉄道から見える移りゆく素晴らしい景色の数々には心から感動しました。ぜひ、一人でも多くの岐阜市民の皆さんに見てもらい、この感動を味わっていただきたいと思います。この他にも〝名探偵コナン〟や〝宇宙兄弟〟などの番組も用意されています。

1955（昭和30）年、岐阜公園内に「岐阜市児童科学館」として誕生し、多くの人に愛され、親しまれて、もうすぐ60歳の還暦を迎える「岐阜市科学館」は、いつの日にか〝ぎふっ子からノーベル賞受賞者〟が出ることを心待ちにして毎日頑張っています！

（平成25年5月15日号掲載）

長良川鵜飼・乗船客1千万人達成

去る5月11日、恒例の鵜飼開きが行われました。心配された昼間の雨も上がり、夕焼けも広がるなど、今年の鵜飼も順調な滑り出しでした。私は仕事柄、1シーズンに20回ほど鵜飼観覧船に乗りますが、長良川鵜飼は何度見てもあきません。観覧船に乗るたびに違う夕方の空の絵模様や、千変万化する清流長良川の色などに毎回新たな感動を覚えるからです。また鵜匠さんや船頭さん、さらには鵜飼事務所の職員の工夫に富んだ、もてなしの心あふれる素晴らしいサービスも私たちの心を和ませてくれます。自然の雄大さと人の細やかな心遣い、双方に触れられる至福のひと時と言えます。

さて、昨今の観光事情は大きく変わってきました。長良川鵜飼の観覧船乗船者数が

鵜飼観覧船乗船客数1000万人達成

最大だったのは1973（昭和48）年の約33万7千人です。この年には大河ドラマ「国盗り物語」が放映されたこともあり、全国から多くの人々が岐阜の地に押し寄せ、金華山・岐阜城や長良川鵜飼が大盛況となりました。当時岐阜市では、現在の3倍以上にあたる147艘《そう》もの鵜飼観覧船を保有していました。インターネットやテレビゲームなどもなく娯楽と言ってもごく限られていた時代とはいえ、鵜飼観覧の魅力が多くの人々を惹《ひ》きつけたのでしょう。

1300有余年の長良川鵜飼の歴史の中にはいろいろな出来事がありました。私が尊敬する織田信長公は鵜匠を保護し、武田信玄公の使者を鵜飼で接待し、鵜が捕った鮎の中から自ら良いものを選び、お土産に持たせたという逸話も残っています。江戸時代には幕府直轄の時期もありましたが、明治時代になってからは宮内庁（当時は宮内省）の保護を受けることとなり、現在も長良川鵜飼の鵜匠さんは宮内庁式部職鵜匠に任命されています。昨年のぎふ清流国体・ぎふ清流大会の折には天皇皇后両陛下が長良川うかいミュージアムを見学され、また皇太子殿下は観覧船から鵜飼を鑑賞されました。

国際化の時代にあって、台湾や中国を中心に外国からの観光客も増えてきました。岐阜市では1965（昭和40）年から鵜飼観覧船の乗船客数の調査を始め、この5月にはついに待望の1千万人に達しました。ユネスコの無形文化遺産登録を目指しながら、日々進化していく長良川鵜飼を一人でも多くの皆さんに楽しんでいただきたいものです。

（平成25年6月1日号掲載）

231

Qちゃんと走る〝スマート・ウエルネス・シティぎふ〟

第3回となる〝高橋尚子杯・ぎふ清流ハーフマラソン〟が今年も盛大に開催されました。今回から国際陸上連盟のブロンズラベルを取得したこの大会は、全国のマラソンランナーの間での注目度も一段と上がり、1万人を超える多くの参加者を迎えることができました。今年は前2回に比べ、日差しも特に強くなく快適なマラソン日和となりました。沿道には、それぞれの地域ごとに個性豊かな応援やおもてなしがあふれ、各ランナーとも山紫水明の自然に加え、岐阜人の人情をも大いに満喫しながら岐阜市を走り抜けて行きました。

今年で3年連続出場となった私は、二人の息子や仲間に励まされながら、今年も何と

ぎふ清流ハーフマラソンで高橋尚子さんと

か3時間の制限時間内に完走することができました。第1回と第2回ではいずれも途中で足が攣《つ》り、大いに苦戦しましたが、今年はやや曇りがちな天候にも恵まれ、足が攣ることもなく競技場にたどり着き、恒例の高橋尚子さん（Qちゃん）のお出迎えを受け、二人で手をつないで無事ゴールすることができました。完走といっても毎回、制限時間との戦いですが、回を重ねるごとにほんのわずかずつとはいえ、タイムを縮めることができたことはうれしい限りです。

さて日本の成人ジョギング・マラソン人口は1千万人を超えると推計されています。特に2007（平成19）年に東京マラソンが始まって以来、各地で市民マラソン大会が盛況となり、ランナー数も４００万人程度増えたそうで、今やランニングやジョギングは大ブームとなっています。健康や美容にも良いことから、中・高年ランナーに加え最近では美ジョガーと言われる女性ランナーも増えているようです。中・高年者の間ではスロー・ジョギングも流行しており、それぞれに合った走り方があるようです。

岐阜市では〝スマート（賢く）ウエルネス（健幸・健康になれる）シティぎふ〟を目指してまちづくりを進めています。誰もができる運動、つまり〝歩き〟によって市民の皆さんに元気になっていただき、岐阜市に〝住むだけで元気になれる、健康寿命の長いまち〟にしていきたいと思っています。過度の自家用車利用を避け、できる限り歩き、自転車や公共交通を利用することで、メタボや糖尿病と無縁の健康な体をつくっていきたいものです。

岐阜市でも健幸ウォーク、やまなみジョギング・ウォーキング大会などのイベント開催や、思わず歩きたくなる道路環境の整備などで市民の皆さんの健康づくりをお手伝いしていきます。

（平成25年6月15日号掲載）

久能山東照宮に眠る忍耐と教育の人・徳川家康公

2003（平成15）年7月1日号からスタートしたこの「市長の元気宅配便」も、本号（232号）で丸10年となります。〝十年一昔〟と言いますが、〝継続は力なり〟との信念の下、われながらよく頑張ってこられたと改めて感慨深いものがあります。

さて、先日静岡市で開催された東海市長会の通常総会に出席しました。会議後の行政視察では徳川家康公が埋葬されている久能山東照宮を訪問し、宮司の落合さんから家康公に関する興味深いエピソードをお聞きしました。「権現造《ごんげんづくり》」という当時最高の建築技術で建てられた久能山東照宮は、日光東照宮をはじめとする全国の東照宮の原型とされ、2010（平成22）年に国宝に指定されました。表参道の石段1159段は、戦国時代

久能山東照宮（国宝御社殿）

に武田信玄公が敵の急襲を避けるために久能山城を築城した歴史をしのばせる、急峻《きゅうしゅん》な石段となっており、一気に上ると息切れがするほどです。

拝殿には家康公の人柄をしのばせる〝司馬光（司馬温公）の甕《かめ》割り〟の図が彫刻されています。友人たちと遊んでいたとき、その一人が誤って水甕《みながめ》に落ち、おぼれそうになったのを見て、司馬光は何の躊躇もなく、石で高価な水甕を割って友人を救いました。これを見ていた司馬光の父は水甕を割ったことを咎《とが》めず、逆に友人の命を救ったことを褒めたというエピソードです。人の命の尊さを第一とする人間主義者、家康公の人柄が伝わってきます。

家康公は自らも『論語』、『史記』、『漢書』を愛読する知識人であるとともに、文学や学芸を奨励するなど教育の重要性を十分に認識していました。〝馬上を以て天下を制するも、学問を以てこれを治む〟。これは家康公が述べた言葉と言われていますが、その意味は〝武力で天下を制した後は、教育で天下を治める〟というもので、学問（教育）によって国を治めるべきだという教育立国の考え方は現代にも通用するのではないでしょうか？

幼少期からありとあらゆる苦難に耐え忍んできた家康公の74年の生涯には忍耐の一語がもっともふさわしいと言われ、久能山東照宮には〝人の一生は重荷を負いて遠き道を行くがごとし、急ぐべからず。不自由を常と思えば不足なし……〟という遺訓が残されています。

二代将軍秀忠公が父、家康公の死後1年7カ月で造営した久能山東照宮、一度皆さんも訪問し、家康公の人柄に触れてみてはどうですか？

（平成25年7月1日号掲載）

233

岐阜市民病院に「自治体立優良病院表彰」

去る6月20日、岐阜市民病院は「自治体立優良病院表彰」を受け、当市の医療・健康立市の拠点に新たな勲章が加わりました。この表彰は過去5年間黒字経営であること、不良債務がないこと、地域医療に重要な役割を果たしていることなど、厳しい条件を満たした自治体立の病院に与えられるもので、岐阜市民にとっては大変誇らしく、うれしいニュースでした。

2008(平成20)年当時は約70%の自治体病院が赤字経営を余儀なくされていました。このような中、総務省の要請により各自治体病院は〝公立病院改革プラン〟を作成、経営改善に努めた結果、赤字病院は大幅に減少しました。しかし、2011(平成23）年度においても全国に886ある自治体病院の赤字病院比率は依然として50％近くとなっています。〝心にひびく医療の実践〟の理念の下、市民の健康を守る最後の砦《とりで》として頑張ってくれている岐阜市民病院ですが、〝経済のない政治（経営）は寝言〟の言葉通り、赤字経営では市民の皆さんのために十分に役立つことができません。

岐阜市民病院では職員の懸命の経営努力により、1996（平成8）年度以降、突然の診療報酬引き下げがあった2006（平成18）年度を除き、15年以上にわたり黒字経営を続けています。メガトラス工法による西診療棟の改築や、玄関棟の新築、2層3段の立体駐車場の新設が可能になったのも健全経営を続けてきたからこそと言えます。また、2005（平成17）年には「地域がん診療連携拠点病院」に認定されたほか、2011（平成23）年には「災害拠点病院」の指定を受けるなど年々その機能を高めています。2014（平成26）年度には全国的にも数少ない最新のがん治療、〝IMRT〟（強度変調放射線治療）が可能となる高精度放射線治療装置の導入が予定されております。

今後、高齢化のさらなる進展が予想される中、ますます厳しい医療経営が予想されます。岐阜市民病院職員とともに知恵を絞り汗をかいて、教育で選ばれる都市（教育立市ぎふ）に加え、医療でも選ばれる都市（医療・健康立市ぎふ）を目指して頑張っていきます。

（平成25年7月15日号掲載）

234

狗奴国「はじめの王」夢ロマン

中国の歴史書、『三国志』の『魏志倭人伝《ぎしわじんでん》』には2世紀から3世紀にかけての日本の様子についての記述が見られます。『魏志倭人伝』が伝える当時の日本の状況は必ずしも正確ではないと、その歴史的資料としての価値に疑問を投げかける学者もおられるようですが、残念ながら当時の日本を伝える歴史書はこれしかなく、そのさらなる検証と発掘調査などで判明する新たな事実を積み上げることによって、コツコツと真実の姿に近づいていくしか他に方法はないようです。

『魏志倭人伝』によると当時の邪馬台国は卑弥呼《ひみこ》と言われる女王によって支配されていたとの記述がありますが、その都の所在地をめぐっては九州説や大和説など諸説があり、いまだ決着がついていません。また、『魏志倭人伝』にはその女王・卑弥呼に従わず戦争状態にあった国が存在したとも記されています。その国が狗奴国で、邪馬大国に四敵する大勢力であったようです。

その狗奴国の誕生につながる、最初の王「はじめの王」のお墓が、水道山として親しまれている市内の瑞龍寺山《ずいりゅうじ》の山頂遺跡であるという説があります。岐阜市内には前方後円墳《ぜんぽうこうえんふん》ならぬ前方後方墳《ぜんぽうこうほうふん》の跡が多くみられ、これは狗奴国のお墓の特徴と言われています。歴史で習ったあの有名な邪馬台国に匹敵する大国・狗奴国がひょっとしたら、ここ岐阜市にあったかもしれないとの想像は、いやがうえにも私たちの歴史ロマンをかきたてずにはおきません。

1966（昭和41）年、瑞龍寺山頂のくり抜かれた岩盤の中から当時の梅林中学校の生徒が弥生時代後期の土器とともに、人為的に打ち砕かれた中国・後漢時代の青銅鏡を見つけました。その後の岐阜市教育委員会の調査で、その場所は、2基の長方形の墓穴と判明し、今年の4月8日にこれを岐阜市史跡に指定しました。また6月9日には〝スマートウエルネスぎふ〟の一環として〝瑞龍寺山歴史ウォーク〟を開催、86人の市民の皆さんがウォーキングで身体を鍛えながら岐阜市の歴史ロマンを満喫しました。

金華山ドライブウェイの駐車場には、標識も設置されています。皆さんも一度健康づくりを兼ねてこの瑞龍寺山頂遺跡を訪れ、狗奴国の時代を想像しながら、ひと時の歴史ロマンに浸ってみませんか？

（平成25年8月1日号掲載）

235

音楽の力で岐阜市の活性化

先日、商店街や演奏家などが中心となって「柳ケ瀬まちづくり会社」を設立し〝柳ケ瀬芸術文化村〟構想を進めるという記事が出ていました。音楽や美術などを通して岐阜市の文化・芸術力を発掘し、地域の活性化に貢献しようという目的で設立されたもので、柳ケ瀬をその拠点と位置付けています。教育立市（知育）、医療・健康立市（体育）を掲げるとともに、全人格的人間性を養うための文化・芸術（徳育）をも重視している当市としてもこれらの動きを大いに支援していきたいと思っています。

人の心や体だけではなく、まちの活性化にも大いに力を発揮する文化・芸術・学びは、〝まちなか居住〟とともに中心市街地の活性化のための重要なキーワードです。フランスでは毎年、夏至の日を「音楽の日」（フェット・ド・ラ・ミュージック）とし、町中いたるところで音楽があふれます。今から30年ほど前に当時の文化大臣などの提唱で始まった試みで〝音楽を全ての人と共有しよう！〟というコンセプトのもと、プロやアマチュアの音楽家たちが公園、バー、レストラン、美術館、病院、さらには裁判所や刑務所の中でもライブコンサートを開催し、町中が音楽で大いに盛り上がるようです。

実は日本でも岡崎市の〝岡崎ジャズストリート〟をはじめとして仙台、神戸、浜松、横浜、新潟、大津など枚挙にいとまがないほどいろいろなところで音楽のストリートライブ（街頭演奏）が開催されています。岐阜市でも今年の10月5日（土）6日（日）、ぎふ信長まつりに合わせて〝ぎふジャズストリート〟を開催しようという計画があるようです。主にアマチュアの音楽家たちが岐阜駅から柳ケ瀬までの10会場程度で演奏しようとするもので、男女の出会いの場を企画した〝柳コン〟に続いて大いに盛り上がることを期待しています。

「豊饒《ほうじょう》・人間主義都市」を目指す岐阜市では、子どもたちから高齢者の皆さんまで、豊かな人間性（徳育）を養うために〝アートライブ〟（各小学校にアーティストを派遣）や〝アートパーフォーマンス〟（ジャズトランペッター大野俊三氏ら岐阜市ゆかりの著名芸術家との直接の触れ合いの場）などさまざまな取り組みをしています。戦国時代を中心にした歴史資産や長良川・金華山に代表される自然資産に加え、市民全員が参加する文化・芸術資産が岐阜市の活性化に大いに貢献してくれることを心から祈っています。

（平成25年8月15日号掲載）

236

着工！緑の宝庫〝みんなの森 ぎふメディアコスモス〟

去る7月31日〝みんなの森 ぎふメディアコスモス〟の起工式が行われました。建物は2014（平成26）年末に完成、その後、什器《じゅうき》や蔵書などが搬入され、2年後の2015（平成27）年夏にはグランドオープンの予定です。今から胸がわくわくします。

東西90メートル、南北80メートル、2階建ての本施設は、知の拠点となる図書館を中心に、絆の拠点となる市民活動交流センター、文化の拠点となるギャラリーや多目的ホールなどが有機的に配置される複合施設です。岐阜県産のヒノキをふんだんに使った屋根は金華山の稜線《りょうせん》と調和するように湾曲し、太陽光パネルが一面に敷き詰められます。

起工式のあと開催されたフォーラムで、設計者の伊東豊雄さんは設計にあたり金華

みんなの森　ぎふメディコス起工式

山の頂に登って岐阜市を上から眺めてみたと述べておられました。山頂から見た岐阜市内には意外に木々が少ないなと感じ、〝みんなの森　ぎふメディアコスモス〟の設計にあたっては木々があふれる施設にしようと考えたそうです。施設の西側につくられる幅30メートル、総延長240メートルの並木道には、カツラの木135本を中心に170本以上の高木が6列に配置され、夏には、人々がつい歩きたくなるような、深い緑陰を提供してくれるはずです。

またこの並木道には総延長約200メートルの〝せせらぎ〟が作られることになっています。冷暖房に利用するために汲み上げられた地下水が、活用後そのせせらぎに流されることになっています。浜名湖4個分にも匹敵すると言われる豊富な岐阜市の地下水は、省エネにも、歩行環境での癒《い》やしにも大いに活躍してくれるわけです。今年の5月に建築界のノーベル賞と言われるプリツカー賞を受賞された伊東豊雄さんの設計による〝みんなの森 ぎふメディアコスモス〟は、日本のみならず世界の注目を集める建築物になることは間違いなく、多くの来訪者も期待されます。

景観的にも、機能的にも、環境的にも最高位にあると言っても良いこの施設を、最大限に生かすことができるかどうかは私たちにかかっています。仏作って魂入れずとならないよう、子どもたちだけではなく、老若男女を問わず、できるだけ多くの市民の皆さんに利用していただき、知識や情操を高め、人と人の絆を深めることで、この素晴らしい仏（施設）に魂を吹き込もうではありませんか！

（平成25年9月1日号掲載）

237

環境先進都市・フライブルク市

8月末の姉妹都市ブラジル・カンピーナス市訪問の途中、飛行機の乗り継ぎを利用してドイツのフライブルク市を訪問しました。わずか1日の訪問でしたが、環境に配慮した交通政策など大いに参考になりました。フライブルク市には環境配慮型交通政策にとどまらず、緑豊かな都市建設など、本市としても学ぶことが多くあるように感じました。人口は約22万人と岐阜市の約半分で、岐阜市をちょっと小振りにしたような町です。人口の10％以上にあたる約3万人が学生だそうで環境都市であるとともに文教都市でもある同市の人口は毎年1％程度の増加傾向にあるそうです。

フライブルク市はドイツの環境首都とも呼ばれ、1970年代つまり今から40年も前

フライブルク市の町並みと LRT

から環境政策に熱心に取り組み、今では世界各国から多くの視察団が毎日のようにこの町を訪問しています。グレーター・フライブルク（フライブルク広域圏）の人口は約62万人で毎日8万人の人が市内に通勤してきます。昼間の人口が大きく膨らむ町で、これらの人が全て自家用車で通勤すると町中が自動車であふれてしまうため、その対策としてパーク・アンド・ライド政策が進められ、郊外部に駐車場を設け、そこからはＬＲＴ（路面電車）などの公共交通で町の中心部に入るようにしています。

また、市街地の一定区域をトランジット・モールとして、公共交通（ＬＲＴやバス）、自転車、歩行者の優先地域とし、原則として自家用車の乗り入れを禁止しています。住宅地ではゾーン30と言われる、自動車の最高速度を時速30キロに制限した地域が設けられ、歩行者の安全確保や住宅地の静穏維持をはかっています。ほかにも自転車の利用促進のため、独立した自転車専用道が実に420キロにわたって整備されるなど具体的な形で政策の実現をはかっています。公共交通の利用を促進するために「レギオカルテ」と言われる公共交通共通定期券（月額約6500円）が設けられ、購入者に限らず所持者は誰でも全ての公共交通機関が乗り放題となっています。

これらの施策は土地利用・交通政策に関する基本計画に基づいて実施されるとともに、必要に応じて市議会の条例で補完するなど実効性のある政策遂行がなされていたのが印象的でした。樹齢100年を超える樹木約5万本など、豊かな街路樹に加え条例で個人住宅にも植栽を義務付けるなど、市民と一体となって環境都市づくりに励んでいる姿は私たちも見習わねばと考えさせられます。

（平成25年9月15日号掲載）

238

遠くて近い国 ブラジル

８月末カンピーナス市との姉妹都市提携30周年記念事業と岐阜県人ブラジル移住１００周年事業に参加するためブラジルを訪問しました。地球の反対側にあたるブラジルは日本から最も遠い国の一つで、飛行機で丸一日かかります。時差がちょうど12時間のため、昼と夜が反対で、季節も真夏の日本に対しブラジルは真冬ということになります。

このように、地理的にも遠く、気候風土も大きく違う異国の地に、今から１００年ほど前に、岐阜県人を含む日本人の移住が始まりました。今では1億９８００万人と言われるブラジル人口の０・８％にあたる１５０万人は日系人と言われています。かつては、

岐阜県人ブラジル移住 100 周年記念式典

ハイパーインフレと貧困に悩まされたブラジルは、近年「ＢＲＩＣＳ」５か国の一員として目覚ましい発展をとげてきましたが、勤勉な日系人の果たした役割は、大変大きかったことと思います。２０１２（平成24）年の統計では、ブラジルの主要輸出国として日本は第５位、輸入先としては第7位に位置づけられ日本とブラジルは遠く離れていても切っても切れない関係にあると言えるでしょう。

この日本とブラジルの関係強化に大きな貢献をした人物に平生《ひらお》釟三郎《はちさぶろう》という人がいます。同氏は、岐阜市加納の出身で、経済人としても教育家としても大いに活躍された人物です。この平生氏は、移民制限を始めたブラジルに対し、綿花の輸入など経済的貢献を行うことで、日本人移住の道を切り拓《ひら》き多くの日本人移住者に感謝されました。

ブラジルは、来年（平成26年）のサッカーワールドカップ、その2年後（平成28年）のリオデジャネイロ・オリンピックを控え大いに盛り上がっていますが、一方で貧富の格差問題や環境・治安問題などのひずみも出始めています。日系人の知恵と勤勉さや経済を中心とした日伯外交・通商によりこれらの問題が一刻も早く解決されることを期待しています。地球の温暖化により世界各地で異常気象が発生、持続的食料生産・供給に暗雲がたちこめる中、２０５０年には、地球上の総人口は95億人を超えると見込まれています。今後食料や飲料水の調達問題が世界的にクローズアップされようとしています。このような中、世界最大の耕作可能面積を誇り、気候に恵まれ、水資源・森林資源・地下資源の豊富なこのブラジルは近い将来大きな脚光を浴びることは間違いないでしょう。日伯の長い親善関係をこれからも大切にしていきたいものです。

（平成25年10月1日号掲載）

239

「教育立市ぎふ」発「教育立国にほん」

私は常々〝地下資源に恵まれない日本が世界屈指の経済大国であるのは、人という素晴らしい資源（人財）があるからだ〟と申し上げています。でもこのような素晴らしい人材は、突然現れたのではありません。長い歴史の中で培われた勤勉な日本人の国民性と日本の卓越した教育システム、そして教育への情熱によって初めて達成されたのです。しかし最近、日本の国内総生産（GDP）に占める公的な教育支出の割合は3・6％で、経済協力開発機構（OECD）を構成する先進国のうち、30カ国（平均5・4％）中、4年連続で最下位だと報道されていました。このような状態では日本の将来が心配にならざるを得ません。

世界各国の歴代指導者たちは教育を国政の最重要課題に位置付けています。アメリカのオバマ大統領は経済の未来にとっての絶対不可欠な重点三分野として、医療保険、エネルギーに加えて教育をあげ、教員の質の向上、生徒の成績向上を目指した公立学校改革を進めています。ロシアのプーチン大統領やイギリスのサッチャー元首相、ブレア元首相も教育に熱心に取り組みました。ブレア元首相が優先すべき三大政策は何かと問われ、〝一に教育、二に教育、三に教育〟と答えたことは有名な逸話となっています。

こうした中、岐阜市では一貫して「教育立市」を行政経営の1丁目1番地と位置付け、人の持つ潜在能力を最大限に引き出し、かつその能力を最大限に発揮できる都市、〝人間主義都市ぎふ〟を目指してきました。本年度の岐阜市の教育予算は196億円、全予算に占める割合は12・8％で毎年増加傾向にあります。来年度には全ての小中学校の耐震化が完了し、全教室へのエアコンの導入も始まります。コミュニティ・スクール、総合教育支援センター（仮称）、建設が始まった〝ぎふメディアコスモス〟の中心となる市立図書館、理数教育推進のためのSTEM支援員の配置、電子黒板とデジタル教科書の導入などの教育分野での新規施策は枚挙にいとまがありません。

このような人への投資の結果、今年4月に行われた全国学力・学習状況調査において、岐阜市の子どもたちは全国でトップレベルの成績をおさめてくれました。国語、算数・数学では特に応用や活用での成績が優れていたことは大変うれしいニュースでした。「教育立市ぎふ」が「教育立国にほん」の起爆剤になれることを期待しています。

（平成25年10月15日号掲載）

240

木之本小学校、歯科保健で〝優秀賞〟(文部科学大臣賞)受賞!

去る10月17日、熊本市で開催された全国学校歯科保健研究大会の席で、岐阜市立木之本小学校が〝優秀賞〟(文部科学大臣賞)を受賞しました。これは歯や口の健康に関する計画を作り、それを実践して成果をあげた学校に授与されるもので、今年は全国の国公私立の幼稚園、小学校、中学校、高等学校、特別支援学校131校から応募がありました。その中から木之本小学校など小学校3校を含む7校が選ばれたもので、中核市では初めての受賞となりました。すばらしい快挙であり大変うれしく思います。

男女平均の平均寿命は日本が世界一ですが、最近は平均寿命に加え健康寿命が重視されるようになってきました。健康寿命重視の考え方は、長生きするなら、病院や介護のお世話にならず健康で自立し、社会活動もしながらイキイキと暮らし、生きていこうというもので、実はこの健康寿命も日本は世界一なのです。岐阜市でも誰もができる〝歩き〟という運動で健康寿命の長いまちにしようと〝スマートウエルネス（健幸都市）ぎふ〟運動に取り組んでいます。

健康になるためには適度な運動、適切な食生活、規則正しい生活習慣などいろいろな視点がありますが、なかでも歯や口の中の健康は重要で、歯の健康は全身の健康の原点といっても過言ではありません。その意味で、幼児期から歯磨き習慣をつけさせることは大変重要な課題であり、木之本小学校では〝基本的生活習慣作り〟とともに食生活と歯の健康に関心を持たせ、自分自身で健康な生活を送る力をつけさせることを目指した教育に取り組んでおり、それが今回の受賞につながったものです。

岐阜市では岐阜市歯科医師会の全面的な協力の下、節目歯科健康診査、〝親と子のよい歯のコンクール〟、幼児歯科フッ化物塗布などいろいろな歯科保健施策に取り組んでおり、2012（平成24）年度には県内や中核市では初となる「口腔《こうくう》保健支援センター」

を開設しました。これらの取り組みの成果として、３歳児のむし歯保有率は中核市41市で1番低く、２００３（平成15）年から10年間連続で1位を維持しています。

おいしく食べることは、命を支える大切なこと。歯の健康はその第一歩です。今回の木之本小学校の優秀賞受賞を機に、市民の皆さんが歯の健康に一層の関心を持ち、いつまでもイキイキと長生きしていただくことを心から願っています。

（平成25年11月1日号掲載）

241

35周年！イタリア・フィレンツェ市との姉妹都市提携

1978（昭和53）年に岐阜市はイタリア・フィレンツェ市と初の姉妹都市提携の盟約書を取り交わし、今年は35周年にあたります。両市にはいくつかの共通点があります。第一に両市ともにそれぞれの国の地理的中心に位置していること、第二に15世紀から16世紀にかけて、フィレンツェではルネサンス運動、岐阜では織田信長公の活躍などそれぞれに重要な歴史的役割を果たしてきたこと、第三に自然景観や歴史資産を中心とした観光都市であること、第四にいずれもファッション・アパレル産業を中心に発展してきたこと、第五にフィレンツェ市は人口37万人（岐阜市42万人）と都市規模も類似している点などです。

フィレンツェ市サンドロ・ペルティーニ小学校訪問

このように両市の姉妹都市提携には必然性があるとはいうものの、市の中心部全域が世界遺産に登録されるなど世界的にも名高いフィレンツェ市との提携を実現できたことは先人の先見性のおかげであり、その並々ならぬご尽力に対し頭が下がる思いです。日本では年間1千万人の外国人観光客の訪日を目指していますが、同市にはこれに匹敵する年間約800万から1千万人の観光客が訪れるそうで、いまだ政治的混迷や経済的苦境からの脱出がままならぬイタリアにあって、この街だけは大いに活気づいているようでした。

私たちも先人が築き上げたこの貴重な友好関係を大切に育んでいかねばなりません。いつも

フィレンツェ市ドゥオモサンタ・マリア・デル・フィオーレ大聖堂

申し上げていることですが、国の外交は国益をかけ、時に緊張することも覚悟の上で主張すべきは主張しなければならないこともありますが、社会情勢や国際関係に影響を受けず普遍的な友好関係を維持することができるのが、自治体外交や民間の草の根外交です。文化や学術の交流、産業交流、政策の相互補完などを通じて両市の友好関係を深めることは両国のみならず世界の友好親善、平和にも大いに貢献することになります。

岐阜小学校の友好校であるサンドロ・ペルティーニ小学校では同校の児童と「ながら児童合唱団」の皆さんがドレミの歌を演技入りで一緒に歌うなど大いに盛り上がりました。国境や言葉の壁を超えた人と人の純粋な関係が、いかに素晴らしいものかということを子どもたちも大いに実感したことでしょう。また、岐阜提灯《ちょうちん》の製作実演や「スコラーズ岐阜」と「ながら児童合唱団」による創作オペラの上演などは、洋の東西を問わず、文化や価値観が一つに融合した瞬間でした。

（平成25年11月15日号掲載）

242

都市の健康

去る10月10、11日、「都市の健康」をテーマに、全国都市問題会議が大分市において開催されました。関心の高いテーマだったこともあり、全国から市長や市議会議員など総勢約2千人が集う大会議でした。岐阜市議会からも5人の市議会議員が参加され、岐阜市政の参考にしようと熱心に講演やパネルディスカッションに耳を傾けておられました。この会議では、「人」の健康づくり、「まち」の健康づくり、「社会」の健康づくりによって都市を健康にしようという観点からさまざまな議論が行われました。

地元の大分市長からは、大分市の人工透析患者率が全国の政令市、中核市の中で最も高いことから、自助（自分の健康は自分で）・共助（地域の支え合い）・公助（行政の環

全国都市問題会議で発言する筆者

境づくり）の三位一体となった「市民協働のまちづくり」によって、この問題の解決をはかっている例など、いろいろユニークな事例が紹介されました。たとえば、〝市民健康づくり運動指導者〟の育成に尽力し、現在までに544人が認定され、各地域における健康づくりの担い手として活躍しておられるそうです。

また、2010（平成22）年には「大分銀行ドーム」で市民1万2千人が参加した「1千万人ラジオ体操祭・みんなの体操祭」が開催され、その後も市内各地で巡回体操祭が順次開催されています。岐阜市内でも毎朝それぞれの地域でラジオ体操に励んでおられる方が多くおられますが、若い人や、子どもたち（特に夏休み）の参加が昔に比べて減ってきているのがちょっと残念に思います。〝事前の一策は事後の百策に勝る〟の言葉通り若いうちから健康づくりの習慣をつけたいものです。

ほかにも、大分市内121カ所で市民健康づくり運動教室が開催され、常時2千人規模の参加者があり年間参加者は延べ約5万人にのぼるほか、食生活改善推進委員養成事業にも取り組み、現在までに414人が修了し生活習慣病予防に努めておられると報告されていました。2005（平成17）年には14万6千人以上の市民が参加して「ギネスに挑戦！全市いっせいごみ拾い大作戦」が実施されギネス記録として登録されたり、大分駅横のシンボルロードに市民総参加で自ら芝はりや植樹を行うなど、大いに楽しみ、盛り上がりながら市民協働のまちづくりが実践されていたのが大変印象的でした。

スマート・ウエルネス・シティ事業を推進し、市民力の強いわが岐阜市でも「都市の健康」づくりに大いに盛り上がりたいものです！

（平成25年12月1日号連載）

243

2013年を振り返って

1年365日、長いようで短いもので、今年ももう終わろうとしています。この元気宅配便の今年の新年号では〝豊饒・人間主義都市・岐阜〟を目指してまちづくり、人づくりにあたっていきたいと申し上げました。人が主役のまち・岐阜市では〝人への投資〟が最優先される、とも申し上げました。地下資源に恵まれない日本において唯一の資源は〝人〟つまり〝人財〟であり、その人の能力を掘り出し、磨きをかけるのが教育の使命です。また〝健全なる魂は健全なる肉体に宿る〟と言われるように健康な体をつくることも大切です。

そこで岐阜市では〝教育立市〟〝医療・健康立市〟を旗印に人への投資を積極的に進

めてきました。先日ある新聞を読んでいたら〝企業「人」への投資探る〟というタイトルの記事が目に入りました。かつては企業の投資と言えば工場など生産設備への投資と考えられていたのですが最近では企業でも社員の能力開発、健康維持など人への投資が重視される時代が来たのだなと感銘を受けるとともに、わが市の方針に間違いはなかったのだと改めて確信することができました。

昨年末の政権交代を経て、今年は長年のデフレからの脱却をめざし、三本の矢に代表される経済政策、いわゆるアベノミクスによって円安、株高が進行し大企業では業績が大幅に改善しました。一時も早くその効果が地方の中小零細企業にも波及することを期待しています。2020（平成32）年のオリンピック・パラリンピックの東京招致決定、富士山の世界遺産登録など明るいニュースもある一方で大型の台風26号、30号が伊豆大島やフィリピンを直撃するなど異常気象の猛威はとどまるところを知らず、事故から2年以上経過した福島第一原子力発電所の汚染水問題の深刻化など残念なニュースもありました。

岐阜市でもみんなの森 ぎふメディアコスモスの着工、鵜飼観覧船乗船客1千万人達成、岐阜市の文化的景観の国の重要文化的景観への選定、岐阜市民病院の改築完了などいろいろなことがありましたが、市民の皆さんにとってはどんな一年だったでしょうか？

来るべき２０１４（平成26）年が皆さまにとって素晴らしい年となることを心からお祈りいたします。

（平成25年12月15日号掲載）

244

謹賀新年 2014年も幸多い年でありますように！

新年明けましておめでとうございます。365日もある一年ですが、あっという間に過ぎ去ってしまいます。今年一年を有意義に過ごすために、今年はこんなことを実現したいな！ という夢を見つけてはどうでしょうか？ 私の夢は毎年毎年同じです。それは〝私のふるさと・岐阜市を元気にし、市民の皆さんが岐阜に住んで良かったと心から幸せを感じていただける街にすること〟です。

さて今年の干支は甲午《きのえうま》です。聖徳太子（574年）や岐阜市ゆかりの織田信長公（1534年）がこの甲午の年に生まれました。今年は信長公生誕480年の年です。信長公は、1567年、33歳の時に美濃の国に入城し、当時〝井ノ口〟と呼ばれたこの地を〝岐阜〟

と改めました。信長公は岐阜の名付け親です。そして、3年後の2017（平成29）年は信長公が岐阜に入城して450年目の年にあたります。この節目の年を生かして大いに岐阜市を盛り上げたいものです。

古来、馬は人間の大切なパートナーでした。そのため馬に関することわざや故事も多くあります。「馬の耳に念仏」や「馬耳東風」は皆さんもよくご存じですが、「人間万事塞翁《にんげんばんじさいおう》が馬《うま》」は、人生においては、幸せが不幸に転じたり、不幸が幸せに転じたりといろいろな事が起こる。よっていっときの出来事に一喜一憂してはならない、という大変含蓄《がんちく》のあることわざです。今年も私たちにとってうれしいこと悲しいこと、いろいろなことが起こると思います。

しかし今年は〝万事塞翁が馬〟の午年《うまどし》です。幸福も不幸も自然体で受け止め謙虚に生きていけば必ず今年も素晴らしい年になります。4月に予定される消費税増税や社会保障費国民負担の増大など今年も依然として市民の皆さんや地元産業界にとって厳しい状況が続きます。そのような中、岐阜市では血の出るような行財政改革で築いてきた盤石な財政基盤をもとに、国民健康保険料の引き下げや岐阜市信用保証協会を活用した中小企業安定経営のための支援策を実施するなど〝優しい、市民を守る行政〟で、今こそ市民や地元中小企業の皆さんに喜んでいただけるよう全力で取り組んでいきます。今年も皆さんにとって素晴らしい年になることを心からお祈りいたします。

（平成26年1月1日号掲載）

245

新生「FC岐阜」に絶大なるエールを！

今年は新年早々地元のサッカーチーム「FC岐阜」の話題で盛り上がっています。ラモス監督に続いて三都主《サントス》選手や川口選手などの加入が決まり今年こそは！と期待はふくらむ一方です。さすがの人気監督、選手とあって、盛り上がっているのは地元・岐阜だけではなく全国ニュースでも大きく取り上げられており、岐阜にとっては久しぶりの明るいニュースです。Jリーグにとっても大きな話題となることでしょう。

先日、ラモス監督が岐阜市役所を訪問された際に、一戦一戦をすべて勝ちに行くつもりで頑張ると力強く語っておられました。大いに期待したいものです。「FC岐阜」は昨年までは債務超過に苦しむなどクラブ経営が行き詰まる中で、リーグ成績もJ2加盟

ラモス監督就任あいさつ

22チーム中21位と低迷していました。この「FC岐阜」に突然ラモス監督や有名選手の加入が可能となったのは、昨年末に藤澤さんという岐阜市出身の若手企業経営者が自分の故郷の活性化に貢献したいと本格支援に乗り出していただいたことがきっかけです。

このご厚志に感謝するとともに深い敬意を表したいと思います。藤澤さんは〝無制限の強化費用の支援〟を表明されていますが、今後は私たちも岐阜市民、岐阜県民として挙《こぞ》ってこの「FC岐阜」を盛り上げていかねばなりません。ラモス監督はできるだけ早くJ1への昇格を目指したいと述べておられますが、そのためには官民あげてのさらなる支援が必要です。ラモス監督や有名選手の加入でスポンサーも増えてきたと聞いていますが、市民の皆さんにも積極的な後援会・ファンクラブへの入会や、ホームゲームの観戦などで経済面でもこのチームを支えていただきたいと思います。

2005（平成17）年の広報ぎふ新年号で〝岐阜市民が一丸となって熱く燃えることのできるプロスポーツ、例えばプロサッカーJ2リーグのチームが岐阜市に誕生する初夢を見つつ〟と申し上げましたが、いよいよJ1への昇格も夢ではなくなってきました。この盛り上がりが一過性の興奮で終わることがないよう、市民クラブとして全員参加型で応援していこうではありませんか！

（平成26年2月15日号掲載）

246

国際幸福デー

皆さんは3月20日が「国際幸福デー」だということをご存じでしょうか? 昨年から、国連は3月20日を国際幸福デーと定めるとともに、国連加盟国に対し幸福度調査を行い、その結果を各国の公共政策に生かすことを呼びかけました。幸福とは主観的な価値観で、人によってその感じ方はさまざまです。〝物の豊かさから心の豊かさへ〟と言われて久しいわけですが、人々の幸福度を指標化するためのさまざまな取り組みがなされた結果、いよいよ幸福度の国際水準まで登場する時代になってきました。

以前、〝幸福ということ〟というタイトルの元気宅配便でブータンにおけるGNH(国民総幸福量)への取り組みについて述べたことがありますが、今では国連が幸福度の指標を定め、それによるランキングを発表しています。2010年から2012年にかけて実施された調査に基づく「世界幸福度報告書2013」によれば、世界156カ国中で幸福度第1位はデンマーク、日本は43位とされています。その報告書によると経済的に豊かな国は一般的に幸福度も高いようですが、一方でストレスの問題もあるようです。また気候の良しあしは幸福度にあまり関係がないことや、幸福度の高い国には自転車先進国が多いことなども注目に値します。自転車に乗れば幸福になれるのでしょうか!?

幸福と言えばフランスのアランの『幸福論』が有名です。彼は〝人は幸福だから笑うのではない。笑うから幸福なのだ〟〝成功したから満足しているのではない。満足していたからこそ成功したのだ〟〝悲観主義は気分に属し、楽観主義は意思に属する〟などと述べています。幸福であるかどうかはどうも私たちの心の持ち方次第のようです。

一方で、最近の研究では、セロトニンやオキシトシンといったホルモン（神経伝達物質）が人の幸福感に密接に関係していることが分かってきました。オキシトシンは愛情ホルモンまたは幸福ホルモンと呼ばれており、これが十分に分泌されれば心が満たされ幸せな気分になれるそうです。

早寝を心がける。朝日を浴びる。朝夕軽く歩く。家族団らん。感情を素直にあらわす。親切を心がける—。などによってオキシトシンの分泌が促されるそうです。ぜひ皆さんもこれらを心掛けて幸せ気分を満喫してみてはいかがですか！

（平成26年3月1日号掲載）

247

今年の一字「育」と〝子ども・若者総合支援センター〟

年初に発表している今年の一字を、２０１４（平成26）年は「育」としました。「育」は〝去〟と〝月〟が合わさったもので〝月〟は肉体を意味し、〝去〟は子どもが母親の胎内から出る、つまり出産を意味するそうです。その〝生まれる〟が転じて〝そだつ〟〝そだてる〟の意味となったようで教育、知育、徳育、体育、食育、保育など子育てする上で欠かせない大切な言葉を形成しています。「育」は教育立市を掲げる岐阜市にとっても大きな意味を持つ一字であり、今年も教育・子育てにしっかりと取り組んでいくという決意を表したものです。

「孟母三遷《もうぼさんせん》」という故事があります。中国の儒学者として名高い孟子の母親が、教育環境の良い場所を求めて子どものために三度にわたって住居を変えたというお話です。子どもに良い教育を与えてあげたいとの親ごころは古今東西を問わないようです。特に天然資源に恵まれない日本にとっては人こそが最大かつ唯一の資源です。この人の能力を導き出し、伸ばしてあげるのがまさに教育の使命であり、教育立市を標榜《ひょうぼう》する岐阜市が教育を市政の根幹に位置付けている理由なのです。

人の才能は人それぞれに千差万別です。その才能、個性の多様性こそが、今後の日本の発展を支える重要な要素なのです。画一的ではなく多様性に富んだ価値観こそが今求められています。スポーツが得意な子ども、音楽に秀でた子ども、読書が好きな子ども、いつも星空を眺めている子ども、弁舌に優れた子どもなど、世の中は素晴らしい才能が満ちあふれていると言っても過言ではありません。

しかし全ての子どもたちが自分の才能を発揮できる環境にあるとは言えません。つまり多くの子どもたちが周囲の支援を必要としているのも厳然たる事実です。いじめ、不登校、ひきこもり、児童虐待、発達の悩み、就学・就労問題など、家族間や地域でのつながりが希薄化する中で子どもや若者が抱える問題は複雑かつ多様化しています。これらの課題に対処するため岐阜市ではこの4月から「子ども・若者総合支援センター」を発足させます。全国的にみても初の試みであり、他都市からも大きな注目を浴びているこの試みを通じ、岐阜市の全ての子どもがその多種多様な才能を開花できる環境をつくっていきたいと考えています。

（平成26年3月15日号掲載）

248

岐阜市、春爛漫《らんまん》

春といえば桜の花満開の中で挙行される入学式、入社式が頭に浮かびます。新入生や新入社員の未知への興奮を見守るようにピンク色に咲き誇る桜は、改めて私たちが日本人であることを実感させてくれます。ぱっと咲いて、さっと散っていく桜の姿に諸行無常（万物は常に変化し、もとにとどまらない）を感ずる人があれば、またその潔さに武士道を見る人もおられるでしょう。このように日本人と桜は切っても切れない関係にありますが、奈良時代にはちょっと事情が違っていたようです。総数約４５００首と言われる万葉集には、桜の歌は44首である一方、梅については１１８首の歌があり奈良時代は梅の花のほうが優勢だったようです。

毎週欠かさぬ仲間とのジョギングは岐阜の季節感を満喫させてくれます。護国神社では鵜飼桜がいち早く春の到来を告げ、今年の鮎漁を占ってくれます。柳津の高桑星桜と国の天然記念物、大洞・願成寺《がんじょうじ》の中将姫誓願桜《ちゅうじょうひめせいがんざくら》は、その種子がともに宇宙旅行を経験しています。ほかにも水道山、伊奈波神社参道、清水川、岐阜公園外苑、長良川河畔など岐阜市内の桜の名所めぐりは楽しいものです。

「岐阜さくらの会」は世界中に桜を植える運動を長年にわたり続け、昨年活動20周年を迎えられました。昨年春には復興支援のため岐阜市から職員を派遣している宮城県・気仙沼市で１００本の桜を植樹され、私も参加してきました。できれば今年も復興状況の視察や被災者の激励に合わせ、この友好の桜の育ち具合を見てきたいと思っています。

　また桜はお祭りにも欠かせない存在です。４月初めの岐阜まつり・道三まつりでは、30基を超えるみこしパレードや歩行者天国、フリーマーケットで盛り上がります。また伊奈波神社の宵宮（今年は４月５日）で、４台の山車や多数の本神輿《ほんみこし》がライトアップされたしだれ桜の並木の間を繰り出すさまは圧巻で、特に最後の仕掛け花火で照らし出される山すその山桜はこの世のものと思えぬほど幻想的です。今年も岐阜の春爛漫を大いに満喫しようではありませんか！

（平成26年4月1日号掲載）

249

岐阜市の情報発信元年！

かつては新聞、雑誌、テレビなどに限られていた情報獲得手段が格段に多様化した現代にあっては〝情報戦争〟と言っていいほど情報の持つ重要性が高まっています。

〝美濃を制する者は天下を制す〟という言葉がありますが、現代はまさに〝情報を制する者が時代を制する〟と言っても過言ではありません。たとえば岐阜市は山紫水明を誇る長良川、金華山などの自然環境、1300年の歴史を持つ長良川の鵜飼や織田信長公の岐阜城に代表される歴史資産、全国でも有数の盤石な財政基盤、全国で第5位を誇る市民参加度など数え上げればきりのないほど素晴らしい魅力にあふれています。

しかしこの素晴らしさを知らない人にしてみれば岐阜市は、何の関心を持つ対象にもならない普通のまちということになってしまいます。つまり知ってもらえなければ〝無〟と同じということにもなりかねないのです。事実に基づく確かな情報を発信し、全国の皆さんにしっかりと岐阜市のことを知っていただくことは、欠くことのできない時代の要請なのです。

岐阜市では従来からの広報ぎふ、ホームページ、テレビやラジオによる情報発信に加え、公式フェイスブックや動画配信サイトユーチューブの公式チャンネルなどを立ち上げ、岐阜市のことを日本のみならず世界の人々にも知っていただけるようにしました。また今年度からは民間から〝クールぎふプロデューサー〟を募集し〝カッコイイ岐阜〟の発信に向けいろいろ知恵を出してもらうとともに、あわせて〝岐阜都市ブランド戦略会議〟を立ち上げ、岐阜市の広報戦略を議論してもらうことにしています。

3年後の2017（平成29）年は織田信長公入城、岐阜命名450年の記念すべき年です。また岐阜市の行政経営の原点である教育立市に加え、子ども医療費無料、子ども・

若者総合支援センターなどに代表される子育て立市、市民一人当たりの病院数、医師数、ベッド数などが充実した医療・健康立市、地産地消立市、産業・雇用立市、防災立市などなど岐阜市には発信すべき情報はあふれています。

行政も頑張りますが、なんといっても情報発信の主役は市民の皆さん一人ひとりです。郷土に愛着を持ち、郷土の宝を知り、40万人が情報発信すれば岐阜市の魅力が世界に伝わります。今年を市民発〝情報発信元年〟の年にしようではありませんか!

（平成26年4月15日号掲載）

250

水の恵み、水への備え「日本水大賞」

「市長の元気宅配便」250号にあたる今回は大変うれしいお話をお伝えします。岐阜市水防協会（栗本恒雄会長）が第16回日本水大賞で、栄えある大賞を受賞すると発表されました。岐阜市水防協会は29の水防団、1621人で構成され、水害から岐阜市民の生命と財産を守るため日夜大活躍をしている素晴らしい組織で、今回の大賞受賞は岐阜市民がいかに、しっかりと水害から守られているかということの証《あか》しです。岐阜県で初めての受賞であり、岐阜市水防協会のみにとどまらず、私たち岐阜市民にとっても大変うれしいニュースです。

来る6月17日、日本科学未来館で日本水大賞委員会（名誉総裁秋篠宮殿下）の毛利衛

岐阜市水防協会　「日本水大賞」受賞報告

委員長から表彰状を授与されることになっています。岐阜市の水防協会が全国応募総数171件のトップとなるということは大変な名誉であり、岐阜市水防協会、水防団員の皆さんに心から敬意と感謝の意を表したいと思います。この水大賞の目的は〝水環境の健全化を目指し、美しい水が紡ぎだす自然の豊かさの中にも水災害に強靭《きょうじん》な国土と社会の実現に寄与すること〟とされ、水の豊かさの享受への取り組みや、水害への取り組みなど水環境に対する取り組みすべてが対象になっています。

アメリカ航空宇宙局（NASA）が地球から500光年（光の速さで500年の距離）離れた宇宙で地球そっくりの惑星を発見し、生命の存在を可能とする液体状の水が存在するかもしれない、という胸躍る新聞記事が出ていました。生命の存在にとって水は不可欠であり、〝人類は水によって生かされている〟と言っても過言ではありません。しかし、水は人類を育む大切な存在である一方、洪水や津波など水災害時には人の命を脅かす存在にもなります。

岐阜市水防協会では過去の歴史的な水災害から学んだ〝伝統的水防工法〟を自ら守り伝える一方、三輪中学校、東長良中学校、長良小学校の児童、生徒など次世代を担う若者たちに岐阜市の水防連合演習に参加してもらい、土嚢《どのう》づくりなど、体験を通じて若者への水防継承をはかってきたことなどが高く評価されたものです。いま一度、水の恩恵と水への備えは不可分であることを再認識しようではありませんか！

（平成26年5月1日号掲載）

251

春眠不覚暁《しゅんみんあかつきをおぼえず》

寒い冬が終わり、木々の花々にもほんのり赤みがさし、鳥のさえずりが聞こえる春の朝はなかなか目が覚めないものです。深い眠りには気温20～22度が最適だそうですから、春の目覚めが悪いのはやむを得ないということでしょう。年をとると睡眠時間が短くなり、朝型になると言われますが、春の朝にはさすがにスカッと目が覚めるというわけにはいきません。先日、厚生労働省が11年ぶりに健康づくりのための睡眠指針を改めたと報道されていました。それによると一般的に健康な人の睡眠時間は25歳で7時間、45歳で6時間半、65歳で6時間だそうです。睡眠は短すぎても、長すぎても良くないようですが、60歳を過ぎてもいまだに睡眠8時間以上を心がけている私はちょっと寝過ぎなのかもしれません。

睡眠にはいろいろな効用があります。昼間の疲れを癒《い》やし、記憶力を増し、明日への活力を養うなど良いことずくめです。しかし寝過ぎはかえって睡眠の質を下げるようで、何事も中庸が一番ということでしょう。今回の指針では「睡眠は体も心も健康にする」「眠りと目覚めのメリハリ」「良い睡眠の生活習慣病予防効果」「適切な睡眠による体内時計のリズム維持」など、「睡眠12箇条」が示されています。

夜眠れない人にとっては、昼寝も効果的で、20分程度の昼寝が最適とされ、疲労回復、記憶力向上、新たな発想が生まれやすくなるなど効果抜群のようです。哲学者アリストテレス、物理学者アインシュタイン、画家ダリなども昼寝を活用していたと言われています。現代社会はストレスにあふれ、パソコンやスマートフォンの使用によるブルーライト効果など、不眠症の危険性が大幅に増大しています。「寝る子は育つ」「早起きは三文の得」など睡眠についてのことわざもたくさんあります。1日8時間睡眠とすると、人生の3分の1は睡眠時間ということになります。人間がその一生の約3分の1も眠るというのは、睡眠が人の成長や、疲労の回復、明日への英気を養う上で欠くことのできない、かけがえのない行為だからです。

睡眠の重要性についていま一度再認識し、快眠をとれるような生活リズムを心がけようではありませんか!

（平成26年5月15日号掲載）

252

ストップ・ザ・人口減少！

先日、〝全国1800自治体のうち半数にあたる896自治体が「消滅可能性都市」〟という大変衝撃的なニュースが報じられていました。この推計は、2040年における20~39歳の女性人口が2010年と比較して半数以下になると予測される自治体を消滅可能性都市と位置付けたものです。岐阜県においても42市町村のうち、40％にあたる17市町村が該当するとされていました。最も厳しい秋田県では県内の96％の自治体が該当するそうで、なんとも恐ろしい話です。

日本全体の少子化傾向に歯止めがきかない中、若者の東京など大都市への人口流出が「消滅可能性都市」増大の最大原因とされています。その大都市でも、急速な高齢化の進展に伴い介護施設が大幅に不足し、将来「介護難民」が続出すると予想されるなど、地方も大都市もそれぞれに大きな問題を抱え頭痛の種は尽きないという状況です。高齢化の進展はさまざまな問題を生みますが、なかでも労働力人口減少に伴う国の経済力の低下は大きな課題です。国力が低下すると高齢化にともなう医療費や介護費の増大に対処できなくなるなど、将来への不安から、結果として少子化傾向になるという悪循環に陥っていきます。

労働力人口減少に歯止めをかけるためにさまざまな議論が戦わされています。一つは定年を延長することによる高齢者の戦力化です。もう一つは外国人労働者つまり移民の受け入れ、さらに、今もっとも重視されているのが女性の能力の活用です。そして、労働力人口の確保とともに、少子化の歯止め策も重要で、これら諸課題を解決するためには、それぞれの地方自治体が創意工夫をしていくことが求められます。

岐阜市では子ども医療費の無料化（中学校卒業までの入院、通院）、電子黒板、タブレットなどＩＣＴ教育の導入、全小中学校へのエアコン設置による学習環境の充実など〝子育てで選ばれるまち〟を目指しています。また、今年の4月には不登校・いじめ・発達障がいなど、ゼロ歳児から成人前までの子どもたちに関するあらゆる悩みに対応する目的で「岐阜市子ども・若者総合支援センター」が設立されました。岐阜市では支援を必要とする子どもも含めすべての子どもたちがその持てる能力を思う存分に発揮できる環境を整備することで名実ともに「教育立市ぎふ」を実現していきます。

（平成26年6月1日号掲載）

253

PISA（国際学習到達度調査）にみる日本の学力

4月の初めに国際学習到達度調査PISAの〝問題解決能力調査〟結果が発表されました。44カ国の15歳の生徒を対象にした調査でしたが、日本が44カ国中第3位（OECD加盟28カ国中第2位）というすばらしい結果で、大いに勇気づけられました。地下資源に恵まれない日本は人間の知恵、創造力が唯一の貴重な資源と言っても過言ではないと思います。日本の科学・技術立国は教育立国に裏付けられています。つまり教育が日本の産業の将来を支えるのです。

岐阜市では一貫して教育立市を標榜《ひょうぼう》し、支援を必要とする子どもも含め、すべての子どもがその持てる能力をいかんなく発揮できる環境を提供できるよう、岐阜市子ども・

若者総合支援センターの開設、地域総参加の教育を目指す岐阜市型コミュニティ・スクールの導入（平成27年度全小・中学校、特別支援学校）、校舎の耐震化（平成26年度中全小・中学校完了）、エアコンの全教室への導入、市立図書館を中心としたみんなの森ぎふメディアコスモスの開設（平成27年夏）、岐阜市育英資金の拡大・拡充などさまざまな施策に取り組んできています。

国においても戦後の詰め込み教育への反省から２００２（平成14）年にゆとり教育を導入、さらには２００８（平成20）年には脱ゆとり教育へと舵《かじ》を切り直すなど試行錯誤を重ねてきました。最良の教育システムを求め今後ともさらに研究は続けられると思いますが、今年の４月に発表されたＰＩＳＡの調査結果は一定の評価に値するものと思います。〝学ぶ〟は〝まねぶ〟（つまりまねをする）ことだとも言います。論語に〝学びて思わざれば、則《すなわ》ち、罔《くら》し。思いて学ばざれば、則ち、殆《あやう》し〟とあります。学ぶことと、考える（思う）ことはどちらも大切です。

教育にはさまざまな役割があります。前述したように有能な人財を輩出する教育は日本の産業を支えます。また能力にはそれぞれに個人差があるとはいえ、誰もが自分の持てる能力を十分に発揮できた時に充実感と幸福感を得ることができます。齢を重ねても生涯学習により新しい知識に触れた時、大いに心が震え、活性化されます。教育立市により若者を惹《ひ》きつけることができれば、まちの活性化にも有効です。まさに万能薬ともいえる〝教育〟で岐阜のまちも日本も大いに活性化していきたいと思います。

（平成26年6月15日号掲載）

254

〝マイナンバー制度〟知っていますか？

昨年の5月24日の国会で〝行政手続における特定の個人を識別するための番号の利用等に関する法律〟並びにその関連法案が成立しました。一般的にはマイナンバー法と呼ばれるこの法律は社会保障制度・税制度の効率性と透明性を高めることを目指すとともに、災害対策分野での活用も期待されています。国民一人ひとりに同一人物であることを確認するための番号を付けることで、複数の機関に存在するさまざまな個人情報を結び付け、利便性を高めるとともに、公平・公正な社会を実現しようとするものです。

今から7年ほど前に約5千万件とも言われる膨大な持ち主のわからない年金記録の存在が判明し、大騒ぎになったことがありました。転職や家族構成の変更等に伴う本人情報の変更を手作業入力で行った際に、同一人物のものであることの継続性が失われ、大問題になったと記憶しています。転職を繰り返したとしても、それぞれの人に個人番号が付番されていれば、本人であることの識別は容易にできます。30年以上前の話になりますが、私が民間企業に勤めていたころ、米国に赴任した際、免許証の取得や銀行口座開設時などにソーシャル・セキュリティー・ナンバー（社会保障番号）が必要だったと記憶しています。

スウェーデン（1947年導入）はじめ、北欧諸国でもこの番号登録制度が早くから導入され、税務、社会保険、住民登録、選挙などの分野で活用されているそうです。さまざまな行政サービスや民間のサービスを受ける際にもマイナンバーがあれば容易に本人確認ができることから、マイナンバー制度の導入により社会保障や税の負担の公平化、各種行政事務の効率化、ＩＴ活用による利便性の向上などが図られることになります。

このようにさまざまな利点を持つマイナンバー制度ですが、個人情報の外部漏洩や番号の不正取得による悪用などが懸念されることから、罰則の強化や特定個人情報保護委員会による監視、意見陳述、広報啓発などが予定されています。法律に基づき２０１５（平成27）年の10月からマイナンバーの交付が始まり、２０１６（平成28）年1月にはマイナンバーの利用開始となります。万全な対策の下、新たな時代の新たな社会インフラ（基盤）として本制度が国民生活の向上に大いに貢献することを期待しています。

（平成26年7月1日号掲載）

255

岐阜市民病院 総務大臣表彰（自治体立優良病院表彰）受賞の快挙

去る6月19日、東京で自治体立優良病院表彰式が行われ、岐阜市民病院など全国で五つの自治体病院が栄えある総務大臣表彰を受けました。この賞の選考基準は（1）病院経営の健全性が確保されていること（5年以上の黒字決算）、（2）地域医療の確保に重要な役割を果たしていること（救急医療の確保、高度医療への取り組み、他の医療機関との連携など）とされています。

岐阜市民病院では6年連続で黒字経営となっており経営が健全であること、救急車搬送受け入れ態勢の整備や、地元医師会、歯科医師会との連携による小児夜間急病センター、休日急病センター・休日急病歯科センターを開設していること、がん治療のための高精度放射線治療装置（ＩＭＲＴ治療）を導入していることなどが評価されたもので、市民の生命と健康を守る最後の砦《とりで》である岐阜市民病院がこのように高く評価されたことを非常に誇らしく思いました。

行財政改革の一環として市役所職員の定数削減を進めていますが、岐阜市民病院では、今後、医師や看護師のさらなる増員を図るとともに、緊急時に「既往歴」や「投薬歴」などが瞬時にわかるＭＥＤＩＣＡカードを導入するなど市民の皆さんの安心の本丸として一層の充実をはかっていきます。２０２５年頃に団塊の世代が後期高齢者（75歳）となるのを受けて、現在の医療・介護体制を維持することが深刻なテーマとして語られる中、〝医療・介護によって選ばれる都市、岐阜〟も本市が目指すべき重要な方向性となります。

このように岐阜市では今後とも〝事後の一策〟としての医療・介護体制の充実をはかっていきますが、なんといっても最も大切なことは病気にならないこと、介護を必要としないことです。そのための〝事前の一策〟として本市では〝スマートウエルネスぎふ〟

運動を展開しています。日頃から過度に自家用車に頼らず、できるかぎり〝歩く〟ことを心がけるとともに、自転車や公共交通機関の利用促進で生活習慣病を回避して健康寿命を延ばそうというものです。健康な老後は自分自身にとっても社会にとっても素晴らしいことです。そのためには今から〝歩いて、歩いて〟市民もまちも皆、健康になろうではありませんか！

（平成26年7月15日号掲載）

256

「女性力」ウーマノミクスに注目！

政府は成長戦略の中心に〝女性の活躍推進〟を掲げ、2020（平成32）年までに役員、管理職など指導的地位に占める女性の比率を30％まで引き上げるとしています。そのために各企業や自治体に対し、女性幹部職員を増やすための行動計画を作るよう求めることを骨子とした新法を制定する方針と報道されています。企業に女性登用割合の開示を求めたり、先進的に取り組む企業に対し公共事業を優先的に発注するなど、本腰を入れた取り組みが予定されています。

日本では少子化の問題に端を発し、将来の労働力人口をどう確保するかが重要なテーマとなっています。そのための方策としては、若年労働者確保のための少子化対策や、海外からの移民労働者の受け入れ、高齢者の戦力化なども重要ですが、政府は〝女性が輝きながら働くこと〟を成長戦略の重点として日本経済を活性化することを目指しています。ちょっと前に、ある証券アナリストは日本における男女の雇用格差を解消することでGDPが13％近く押し上げられる可能性があると試算していました。また女性の就業率が高くなるほど出生率が上昇するとも言われています。

そのためには女性が家庭も仕事も両立できる環境整備が不可欠です。職場における配慮は言うに及ばず、家庭における男性の家事、とりわけ育児などに対する積極的な関与や理解が大切です。要するに他でもない男性の奮起が求められているのです。２０１３（平成25）年のジェンダー・ギャップ指数（男女格差を示す指数）によれば日本は１３６カ国中１０５位という思わしくない結果となっています。特に政治分野における女性の比率は低く、１３６カ国中１１８位と最低レベルにとどまっています。最近、地方議会における女性の尊厳を踏みにじるようなヤジが大きな話題となりましたが、まさにジェンダー・ギャップ指数の結果を裏付けるような残念な出来事と言わざるを得ません。

1970年代初頭、米国や日本でウーマンリブと言われる女性の解放運動が起こりました。最近はウーマノミクスが叫ばれています。ウーマン（女性）とエコノミクス（経済）を合成した言葉ですが、女性の積極的登用こそが日本経済の成長戦略の要であると認識されるに至ったのです。「女性力」に期待するとともに、最大限に女性力が発揮されるための環境づくりに精いっぱい努力しようではありませんか。

（平成26年8月1日号掲載）

257

開館まであと1年 〝みんなの森 ぎふメディアコスモス〟

今年のFC岐阜は、ラモス瑠偉《るい》新監督をはじめとして豪華な顔ぶれがそろい、市民に大きな夢と希望を与えてくれています。先月そのラモス監督と川口選手をお迎えして、〝みんなの森　ぎふメディアコスモス開館1年前イベント〟が開催されました。

このぎふメディアコスモスは、建築界のノーベル賞とも言われる〝プリツカー賞〟を受賞された伊東豊雄さんの設計によるもので、金華山の山並みと調和するように湾曲した木造の屋根が見る人の心を癒やします。また、天井にふんだんに使用された岐阜県産のヒノキは〝フィトンチッド〟という木の香りを漂わせ、素晴らしい読書空間、思考空間を提供してくれます。岐阜ならではの豊富な地下水を利用した空調システムや、屋根いっぱいに張りめぐらされた太陽光パネルによる再生可能エネルギーも取り入れられています。汲み上げられた地下水は空調に利用された後、〝テニテオ〟と名付けられた緑陰豊かな並木道のせせらぎを流れ、再び地下に戻っていきます。環境に十分配慮された未来志向型のこの建物は岐阜市民の夢を大いに育んでくれそうです。

このぎふメディアコスモスには「知」の拠点、「文化」の拠点、「絆」の拠点と、三つの拠点機能が期待されています。「知」の拠点とは言うまでもなく、この施設の中心をなす岐阜市立中央図書館（仮称）です。現在の図書館は築56年と古く大変狭いため、蔵書数20万冊、座席数もわずか130席と限られ、年間の利用者数も15万人程度にとどまっています。新しい図書館は蔵書数90万冊、座席数910席となり、滞在型図書館として、老いも若きも世代を超えて交流できる場を提供してくれます。

『文化』の拠点では展示ギャラリーや200席ほどの多目的ホール、レストランなどを設け、市民の皆さんの文化活動のメッカになることを期待しています。「絆」の拠点となる市民活動交流センター（仮称）には、スタジオ、談話スペース、キッズルームなどを設け、ボランティア、ＮＰＯ活動を通して協働のまちづくりの拠点となります。工事は順調で、年末までには建物は完成し、その後広場整備などを経て来年夏にはグランドオープンの予定です。年間１００万人の市民が集い、緑と夢があふれる〝静かなる賑《にぎ》わい〟の拠点の完成を皆で大いに期待しようではありませんか！

（平成26年8月15日号掲載）

258

岐阜市科学館入館者〝300万人〟達成とサイエンスミュージアム整備事業！

7月21日、岐阜市科学館の入館者が待望の300万人を達成しました。1980（昭和55）年に開館して以来34年での偉業達成を大変うれしく思います。2012（平成14）年に、iPS細胞の研究により京都大学の山中伸弥教授がノーベル生理学・医学賞を受賞されたように、日本の自然科学分野には世界に伍する人材が多く、その研究成果にも目を見張るものが多くあります。それは、日本のノーベル賞受賞者19人のうち、実に16人が自然科学分野であることからもわかります。しかし、昨年実施された日米中韓4カ国の高校生を対象とした調査によると、日本の高校生は自然や科学に対する関心が一番低く、「社会に出たら理科は必要なくなる」と考えている割合が一番高いという残念な結果となっています。

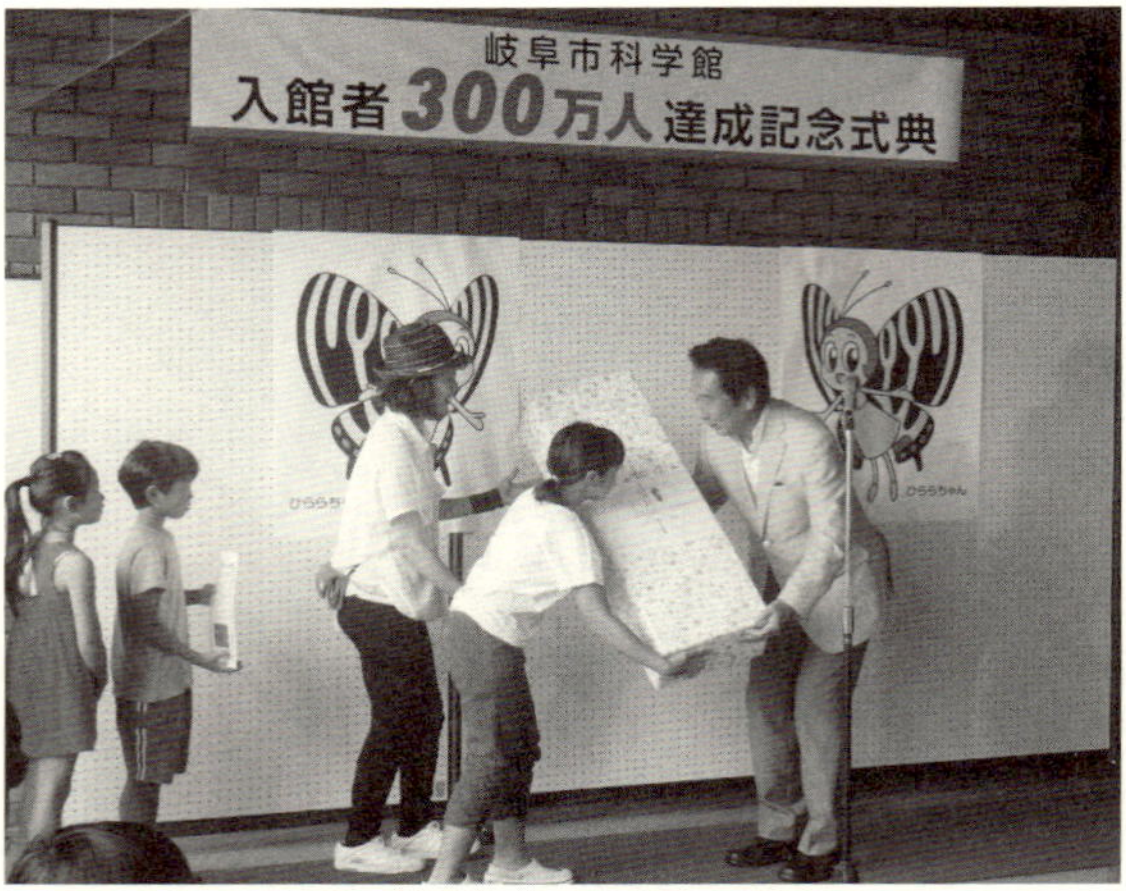

岐阜市科学館入館者 300 万人達成

現在、日本はさまざまな分野で世界の先端を走っていますが、今後のわが国の成長戦略としても科学技術分野の活性化は不可欠であり、その分野の人材育成は国家的命題とも言えます。

岐阜市科学館は、1955（昭和30）年に岐阜市児童科学館として岐阜公園内に開館し、その後、現在地への移転、プラネタリウムの増築などを重ね現在の岐阜市科学館になったものです。今年度から来年度にかけ〝サイエンスミュージアム整備事業〟として常設展示の約6割を参加体験型の展示などに更新するとともに、大掛かりな科学実験などの実演が可能となる100人規模のサイエンスショーホールを新設していきます。

教育立市を掲げる岐阜市では英語教育、ＩＣＴ教育、起業家教育などの特色ある教育に加え、理数科教育にも積極的に取り組んでおり、教員ＯＢなど25人をＳＴＥＭ教員（ＳＴＥＭは科学、技術、工学、数学の英語の頭文字をとったもの）として配置し、専門性の高い理科授業を実施しています。今後とも〝ぎふっ子からノーベル賞を〟を合言葉に、子どもたちがもっともっと理科や数学を好きになるよういろいろな仕組みを考えていきます。

毎月第４土曜日の夜にはＪＲ岐阜駅前の信長ゆめ広場で科学館の職員とともに天体観測をする〝ぎふスターウオッチング〟（駅前天体観望会）が開催されています。また11月22日(土)には岐阜市文化センターでノーベル賞受賞者の小林誠先生をお招きして〝ぎふサイエンスフェスティバル〟も開催されます。理科好きのぎふっ子の皆さん、大集合です！

（平成26年9月1日号掲載）

259

未体験！〝温暖化時代の自然災害〟にご注意を！

最近の自然災害は今までの災害とはちょっと違ってきていると感じるのは私だけでしょうか？ 今年はエルニーニョの年になると言われていました。南米ペルー沖の海面温度が平年より高い月が続くとエルニーニョ現象と言われ、太平洋高気圧の張り出しが弱くなる結果、日本では冷夏になり、大雨が降りやすくなると言われます。5月から8月初旬にかけての猛暑はとても冷夏とは思えないような厳しさで、本当にエルニーニョなの？ と首をかしげた人も多かったと思います。いずれにせよ、最近の局地的な集中豪雨などで今夏の降水量は平年より多く、日照時間も短い異常気象となったのも事実です。

最近の災害の特徴の一つは崖崩れなどの土砂災害が増えたことです。先日、広島市の土砂災害で多くの人命が失われました。真夜中に、集中的かつ長時間にわたり大量の雨が降ったことにより山の土砂が大量に町に流れ出し、大災害になったものです。犠牲になられた皆さまには心から哀悼の意を表します。広島市以外でも各地で大きな土砂災害が立て続けに発生しています。国では土砂災害防止法により、都道府県に警戒区域、特別警戒区域を指定するよう求めています。指定された区域については市町村でハザードマップを作成し、市民の皆さんに配布することになっています。

もう一つの特徴は内水氾濫と言われる現象です。洪水と言えば河川の堤防が決壊したり、越水したりして氾濫することがほとんどでした。しかし最近では、町の中で短期間に、大量の雨が降ることで側溝などの排水能力では処理しきれず、町中が浸水することが増えています。テレビで京都の福知山市内一帯が水浸しになった映像が流されていましたがまさに内水氾濫です。岐阜市では内水氾濫に備えて伊奈波神社や梶川町に貯留槽《ちょりゅうそう》を整備しています。

しかし、最近の急速、かつ激しい降雨を見ていると、どこで土砂災害や内水氾濫が発生しても不思議ではありません。日頃からハザードマップなどを参考に避難場所を確認し、降雨時には行政の情報に耳を傾けて行動するなど自分の身を守るための細心の行動が求められます。

今までは大丈夫だったからと災害に高をくくることなく、謙虚かつ真剣に自然災害と向き合おうではありませんか！

（平成26年9月15日号掲載）

260

パワーアップ！長良川うかいミュージアム

今年の長良川鵜飼もいよいよ10月15日で終了となります。台風11号や集中豪雨の影響で中止日が例年に比べやや多かったものの鵜飼観覧船乗船客は何とか10万人をクリアできそうです。娯楽の多様化が進む中、鵜匠さんや船頭さんの知恵と工夫でここまで頑張っていることはうれしい限りです。さて今年の3月に金華山を含む長良川中流域が国の重要文化的景観に選定されました。東海地方では初めての選定であることに加え、2005（平成17）年度に始めた長良川鵜飼のユネスコ無形文化遺産登録にむけた本市の取り組みにも大いに弾みがつき喜んでいます。

長良川鵜飼文化の伝承や、開催期間以外にも鵜飼に親しんでもらうことを目的に

うかいミュージアム来場者 30 万人達成

2012（平成24）年8月1日に岐阜市長良川鵜飼伝承館〝長良川うかいミュージアム〟が開館しました。長良川の水位高や強風が原因で長良川鵜飼が中止になった際にも遠来のお客さまに鵜飼に触れていただくための常設展示や、時々のテーマに合わせた特別展示、すぐそばで見られる4羽の鵜、さらにはレストランでの食事やイベントなどがそれぞれ相乗効果を発揮しながら一体となってこの施設を盛り上げてくれることを期待しています。

今年の7月15日に新装オープンしたレストランではキッズスペースや授乳室を併設し、さらには保育士資格をもったマネージャーが接客にあたっています。また離乳食やアレルギー対応メニューも用意されるなど、お子さま連れのお客さまへの配慮も欠かさず、大いに民間企業の知恵が発揮されています。一般カフェとキッズカフェの融合をめざし、夏場のビアガーデン、花火大会に合わせた屋台村、中秋の名月の月見茶会など季節感あふれるイベントでも盛り上がっているようです。

大雨のせいで長良川の流れが変わり、今年の「長良川渡し船」は残念ながら9月9日から中止となりましたが、長良川うかいミュージアムでは11月10日（月）まで特別展「川端康成〝篝火〟をめぐる恋文」が開催されています。また10月4日（土）には野外特設ステージで長良川〝秋祭〟も開催される予定です。皆さんもぜひ一度長良川うかいミュージアムに行ってみませんか！

（平成26年10月1日号掲載）

261

スポーツの秋 世界に羽ばたく岐阜の若手アスリートたち

2020（平成32）年に東京でオリンピック・パラリンピックが開催されることが決定し、その経済効果は最大で150兆円にものぼるとの試算もあります。国では6年後の東京オリンピック・パラリンピック開催に向け、メダリストの育成を目指してさまざまな取り組みが行われています。岐阜市でも〝「東京オリンピック・パラリンピック」ターゲットエイジ育成事業〟として今年度4人の若きアスリートを強化指定選手に選びました。

現在中学2年生の今井月《るな》さんは今年の全国中学校水泳競技大会の女子・平泳ぎ100メートル（大会新）200メートル（中学新）で優勝し、昨年に続いて2連覇を達成しました。現在14歳の今井さんは東京オリンピック・パラリンピックの年には20歳になり、メダル獲得への期待が大きく膨らみます。2年後のブラジル・リオデジャネイロ・オリンピックへの出場意欲も強く、ぜひ実現できるよう市民あげて応援していきたいものです。

岐阜市在住の金藤理絵《かねとうりえ》さんはすでに世界水泳選手権大会、パンパシフィック大会などで日本を代表する選手として活躍し、9月に韓国の仁川《インチョン》で開催されたアジア競技大会でも銀メダルを獲得しています。平泳ぎ選手の先輩として今井月選手を引っ張ってもらい、二人そろってのメダリスト誕生となるよう大いに期待したいものです。

岐阜市で中学、高校を卒業し現在、鹿児島の鹿屋《かのや》体育大学で自転車競技選手として活躍する橋本英也《えいや》さんは今年の全日本自転車競技選手権大会において4キロメートル個人パーシュートなど4種目で優勝を飾り、大会史上初の4冠を達成しました。アジア競技大会の自転車競技男子オムニアム（総合競技）で金メダルを獲得したことは記憶に新しいところです。

松井ゆずかさんは第30回日本身体障がい者水泳選手権大会で女子100メートル自由形2位、女子50メートル自由形で優勝という輝かしい成績を残し、今年のジャパンパラ水泳競技大会でも大活躍しました。松井さんも東京オリンピック・パラリンピックの年に20歳と大いにメダルが期待できます。ぜひ市民挙《こぞ》って応援していきたいものです。

他にも岐阜市には素晴らしい若手アスリートがあふれています。スポーツの秋、これらの若い選手たちを応援しながら、市民の皆さんもジョギングをしたり、歩いたり、自転車に乗ったりとチョッと軽い運動をしてみてはいかがですか！

（平成26年10月15日号掲載）

百年の大計・新庁舎建設

今から48年前の1966(昭和41)年2月に現在の岐阜市役所本庁舎が完成しました。今年は前回の東京オリンピック開催と東海道新幹線開業から50年目にあたる年ですから、わが岐阜市役所はほぼ同時期にできたということになります。昭和41年と言えば美川憲一さんの柳ケ瀬ブルースが流行し、人口36万人(当時)を擁する岐阜市の繁華街として、柳ケ瀬が大いに賑《にぎ》わっていた時期です。まさに隔世の感があります。

現庁舎は、建築して約50年(鉄骨鉄筋コンクリート造りの建築物の法定耐用年数は50年)と古いだけではなく、発がん性があると言われ、その後使用が禁止されたアスベストが依然残っているという問題、手狭になったため庁舎が5カ所に分散していること、

市役所現庁舎竣工（1966年）

昔はバリアフリーの発想が乏しかったため障がい者や高齢者の皆さんには使い勝手が悪い構造になっているなど多くの課題を抱えています。

特に最近当地域では南海トラフ巨大地震の発生確率が高まっていますが、万一巨大災害が発生すると市役所は災害対策上大きな役割を担うことになります。被害状況の把握、人命救助、支援の受け入れ、復旧計画の策定など市役所の役割は重大です。2011（平成23）年の東日本大震災の際、お見舞いと激励のため東北の被災自治体を訪問しましたが、多くの庁舎が甚大な被害を受け、大変苦労をしておられたのが印象的でした。日本の多くの自治体の庁舎は岐阜市と同様に戦後のほぼ同時期に建てられています。

防災上の観点から言っても本市の庁舎建て替えは喫緊の課題です。市役所庁舎の建て替えには大きな財政負担が必要です。岐阜市では新庁舎の移転、建て替えに必要な基金(貯金)を計画的に積み立ててきており、現時点で使用できる基金の残高は100億円を超えています。また、合併特例債という有利な起債を組み合わせることで将来負担を最小限に抑えることも可能です。

市民の皆さまにこのような事情をご理解いただくため、広報ぎふやホームページなどによる広報活動に加え、市民アンケートやパブリックコメントなどを通じ、最大限の努力をしてきました。またさまざまな会合に出席する機会の多い私自身もあらゆる機会を通して説明に努めてきました。市役所新庁舎建設は百年の大計ともいえる大事業です。課題を先送りすることなく将来のかわいい子どもや孫たちのためにも、私たちの時代にぜひやり遂げようではありませんか!

(平成26年11月1日号掲載)

263

地球温暖化と感染症

日米首脳がわざわざ電話会談でその対策を話し合わなければならないほどエボラ出血熱が世界的な課題となってきました。エボラ出血熱は西アフリカを中心に感染が拡大してきましたが、感染者数が1万人を超え、米国やスペインでも2次感染が確認されるに至り、一段の感染防護強化が叫ばれています。世界銀行の試算によれば、2014〜2015年の西アフリカ諸国における経済損失は3兆5千億円にのぼる恐れがあるとも見積もられています。感染拡大は加速しており、現在1週間当たり1千人程度とみられている新たな感染者は、今年の12月には週に5千人から1万人規模になる可能性があると予想され、そうなると世界規模でみた経済的損失は計り知れないものになります。

人類は昔からさまざまな感染症を経験しその克服に努めてきました。天然痘、結核……最近でも腸管出血性大腸菌O157、エイズ、サーズ、鳥や豚から感染する新型インフルエンザなど枚挙にいとまがありません。今年の夏、日本でもデング熱で大騒動となりました。ヒトスジシマ蚊による約70年ぶりの国内感染ということで感染場所とみられる代々木公園が一躍話題になりました。米国のニューヨークタイムズが「日本でのデング熱流行は地球温暖化の警告」と報じているように温暖化の影響でヒトスジシマ蚊の生息域が北上してきていることが原因の一つとみられています。

1980（昭和55）年に世界保健機関（WHO）は天然痘の根絶を宣言しました。日本の国民病とも亡国病とも言われた結核も戦後は大きく抑制されるに至りました。しかし最近エイズや新型インフルエンザなどの「新興感染症」に加えて「再興感染症」という言葉が注目されるようになりました。読んで字の如《ごと》し、一度は根絶したかに見えた感染症が再度拡大を始めることで、その代表的な例として結核が挙げられます。感染症の原因となる病原体を絶滅させることは不可能だそうです。一度は抑制された病原体も、菌の耐性化や地球温暖化など環境の変化に応じて再興してくるわけで、今後どんな感染症が再興感染症として私たちの身の回りに現れるかわかりません。

このような時代にあって、手洗い、うがいなど感染症予防の基本を忘れず、さらに病気を防いだり、治したりするのは自分自身の免疫力、抵抗力であることを肝に銘じて日頃からストレスをためず、ウォーキングなど適度の運動により心身を鍛えておこうではありませんか！

（平成26年11月15日号掲載）

264

地方創生の切り札〝スローライフ〟

10月25～26日、佐賀県多久市で第12回スローライフ・サミットが開催されました。サミットには北海道三笠市、宮城県加美町、埼玉県草加市、福井県の勝山市と大野市、長野県飯田市、岐阜県の岐阜市、高山市、美濃市、下呂市、海津市、鳥取県鳥取市、香川県高松市、それに今回開催市の佐賀県多久市の14市町が加盟しており、今回は9市の市長、副市長の参加を得て開催されました。各地域の伝統、文化、自然、産業などの分野におけるスローライフ事例を発掘、発表し、それぞれ施策の参考にしようということで、今から12年ほど前に本市の呼びかけにより発足したもので、当初から岐阜市長が座長の大役を務めています。

第12回スローライフまちづくり全国都市会議

東京一極集中が地方の疲弊、人口減少の大きな課題であることから、内閣官房まち・ひと・しごと創生本部ではその一極集中の是正に向け「東京在住者の今後の移住に関する意向調査」を実施しました。その調査の中に〝移住したい理由は？〟という質問がありますが、大変興味深い結果が示されています。10代、20代男性の理由の第1位は出身地、第2位がスローライフです。しかし30代、40代、50代になると驚いたことに第1位には全てスローライフを挙げています。つまり東京の人が地方都市のゆったりとした暮らし、スローライフに魅力を感じているということです。

岐阜市ではスロー・ツーリズム（滞在型観光）、

スローな笑い（落語）、スローな明かり（提灯《ちょうちん》、鵜飼の篝火《かがりび》、花火）、スローな川遊び（長良川鵜飼）、スロー・インダストリー（提灯、和傘、団扇《うちわ》づくり）、スロー・フード（地産地消）などを紹介しています。お隣の美濃市では今回無形文化遺産登録が決まった美濃和紙の文化を、また加美町では里山の間伐材から薪《まき》を作り、薪の生活を推奨する「薪の駅事業」をスローライフに位置付けています。高松市では全国シェアの8割を占める盆栽づくりを通じてスローライフを楽しもうと提案しています。各地方それぞれの特徴を生かしたスローライフを通じて地方の魅力を訴えています。

地方創生で地方が元気になるためには、まずは人々が地方に回帰する必要があります。都会の喧騒《けんそう》に疲れた現代人の心のオアシスとして、スローライフのまちづくりが今後ともますます見直されていくことは間違いありません。岐阜市にはスローライフが満ちあふれています。市民の皆さんもこのスローライフを大いに満喫されてはいかがでしょうか？

（平成26年12月1日号掲載）

265

2014年、今年も幸せな1年でしたか？

早いもので今年もはや師走。じっくりと今年1年を振り返り、新しい年への意気込みや目標に思いを馳《は》せたいものですが、大掃除や、年賀状の用意、仕事の最後の追い込みやらで、そんな時間を作るのは容易ではありません。特に師走の衆議院議員総選挙が行われた今年はいつもより慌ただしい気分で年末を迎えた方も多いと思います。しかし〝忙中閑あり〟と言います。忙しい中でも、一度立ち止まって1年を振り返り明日への糧にすることも必要ではないでしょうか？

今年は1964（昭和39）年の東京オリンピックの開催、東海道新幹線の開業から50周年の年でした。50年たった今、二度目の東京オリンピックが決まり、品川と名古屋間をわずか40分で結ぶ夢のリニア新幹線がいよいよ着工目前となり、まさに隔世の感があります。さて今年印象に残った出来事と言えば、４月の消費税８％への増税、８月の広島土砂災害、福知山市の内水氾濫、９月の御嶽山噴火などの出来事に加え、ＳＴＡＰ細胞騒動や世界プロテニス界における錦織選手の大活躍などがあげられるでしょう。

岐阜市では、ＦＣ岐阜がラモス監督や元日本代表の川口選手らを迎え、観客動員数や後援会員数を飛躍的に向上させ、Ｊ１昇格をも狙えるチームに変身しました。今後ＦＣ岐阜の活躍が郷土を大いに盛り上げてくれることを期待しています。市立中央図書館を中心としたみんなの森　ぎふメディアコスモスも来年7月の開館に向け建設が進められており、またその近接地での市役所新庁舎の建設に向けて、岐阜市新庁舎建設基本計画も策定されました。

究極の教育立市ぎふを目指し岐阜市子ども・若者総合支援センター〝エールぎふ〟が４月に開設され、支援を必要とする子どもやその家族、教師などのあらゆる課題にも対応できる体制を整えたことや、岐阜市水防協会の「日本水大賞」受賞、岐阜市民病院の「自治体立優良病院表彰」総務大臣表彰受賞などもうれしいニュースでした。岐阜駅周辺に続き柳ケ瀬にも高島屋南市街地再開発組合ができ、長年の懸案であった柳ケ瀬の活性化に向け一歩前進できたことも今年の貴重な成果だったと思います。

市民の皆さんもそれぞれに悲喜こもごも、いろいろな出来事があったと思います。来年が市民の皆さんにとって今年以上に素晴らしい年となることをお祈りし今年最後の元気宅配便をお届けします。良いお年を！

（平成26年12月15日号掲載）

266

2015年、ひつじ年の幕開け

新年明けましておめでとうございます。皆さんはすがすがしい気分で新年をお迎えのことと思います。今年の干支は乙未《きのとひつじ》です。乙はいろいろな困難に屈せず弾力的で雄々しくやっていくことを意味するそうです。また未は味に通じ、物事を曖昧に放置しておかず、きちっと対応し処理さえすれば（不昧《ふまい》）、将来に憂いを残さないということを意味するようです。

今年は昭和で言うと90年にあたる年（昭和90年）で、第2次世界大戦終戦70周年の年にあたります。また広島と長崎に原爆が投下され多くの尊い人命が失われたのも70年前ということになります。このようにいろいろな意味で節目の年にあたる今年も、日本は厳しい国際情勢に晒されるでしょう。私たち日本人は、この終戦・原爆投下70年を機に、二度と人の命を奪い合うことが無いよう冷静で賢明な対応をすることの大切さをいま一度再確認しなくてはなりません。

また、今年は6千人を超える犠牲者を出した阪神・淡路大震災から20年目の年でもあります。4年前の東日本大震災以後も自然災害はあとを絶ちません。久しく異常気象と言われてきましたが、ここまで常態化してくるともはや異常とは言えません。今後とも私たちは未曽有の自然災害に備えねばなりません。行政による公助は一層充実させていきますが、隣近所の絆による共助や日頃から避難路の確認、備蓄品の準備など自助の重要性も高まってきました。

いよいよ今年は、2020（平成32）年の完成を目指し市役所新庁舎の建設事業に着手します。この地域は南海トラフ巨大地震の30年以内の発生確率が70%と言われています。これら災害の発災直後、また復旧・復興の際の大切な防災拠点として市役所新庁舎は市民の皆さまをしっかりと守ってくれることになります。またこの夏には中央図書館を中心とした〝みんなの森 ぎふメディアコスモス〟の完成が予定されています。年間100万人の利用者を見込むこの施設は昨年4月に開館した〝岐阜市子ども・若者総合支援センター〟とともに教育立市ぎふにとって象徴的な施設となります。今年は全ての小・中学校の耐震化工事、空調設置工事の完了も見込まれ、教育で選ばれるまち〝教育立市・ぎふ〟にさらなる磨きをかけていきます。今年も全ての岐阜市民の皆さんにとって素晴らしい年でありますように！

（平成27年1月1日号掲載）

267

論語に学ぶ

昨年10月、スローライフサミットに参加するため、佐賀県の多久《たく》市を訪問しました。佐賀市から電車で30分ほどに位置する人口2万人強の風光明媚《めいび》なこの町は、「多久聖廟《たくせいびょう》」があることで有名です。孔子の霊を祀《まつ》った多久聖廟は栃木県の足利学校、岡山県の閑谷《しずたに》学校とともに「日本三大孔子廟」と称されており国の重要文化財に指定されています。孔子の里にふさわしく、多久市では「文教のまち」が実践されており、「教育立市ぎふ」を掲げる本市にも通ずるものがありとても親近感を覚えました。

岐阜市では2年後の2017（平成29）年に、織田信長公入城・岐阜命名450周年を迎えます。1567年に信長公は当地を「井ノ口」から「岐阜」に改めましたが、それは中国・周の文王が国を興した岐山の「岐」と、孔子生誕の地である曲阜《きょくふ》の「阜」に由来すると言われています。多久市は孔子の故郷であるその曲阜市と友好都市提携を締結しておられ、教育立市とともに孔子を通じて何か浅からぬ縁《えにし》を感ずる町です。

多久市では年に2回、4月と10月に孔子を祀る「釈菜《せきさい》」という伝統行事が開催されます。今回その10月の「釈菜」に参加する機会を得て、ボランティアガイドさんの案内で多久聖廟を訪問しました。途中、ガイドさんから多久市では小学校から論語教育をしており、論語カルタ大会や論語検定があるのだと説明を受け、論語に一方ならぬ興味のある私はたいへん感銘を受けました。偶然通りかかった二人連れの中学生に向かって、ガイドさんが突然、「論語の中で好きな言葉は何?」と問いかけ、それに対して二人がそれぞれにお気に入りの論語の一節をスラスラと諳《そら》んじたのには大いに仰天しました。

〝巧言令色《こうげんれいしょく》、鮮《すく》(少)なし仁《じん》〟

〝学びて思わざれば則《すなわ》ち罔《くら》し。思いて学ばざれば則ち殆《あや》うし〟

〝徳は孤《こ》ならず、必ず隣《となり》あり〟

〝人の己《おのれ》を知らざるを患《うれ》えず、人を知らざるを患うなり〟

これらは私が好んで使う論語の一節です。興味ある方は一度その意味をお調べになってみてはいかがでしょうか？ 大いに人生の羅針盤になってくれると思います。

（平成27年1月15日号掲載）

268

今年の一字「煌《きらめく》」

時がたつのは早いものです。新しい年を迎え〝明けましておめでとうございます！〟と挨拶《あいさつ》をして回っているうちに、はや1カ月が過ぎてしまいました。さて2002（平成14）年に市長就任以来、毎年その年の一字を発表しており、今年の一字で14番目ということになります。初年度の「聴」以来「描」「築」「輝」「志」……そして昨年の「育《はぐくむ》」に続き今年は「煌《きらめく》」という字にしました。そこで本号では今年の一字「煌」に込めた思いについて語ってみたいと思います。

「煌」という字は〝輝く光が四方に大きく広がること〟を意味します。岐阜市では長年の懸案であった岐阜駅前の再開発事業、市民病院西診療棟や岐阜薬科大学の建て替え、小・中学校の耐震化やエアコンの設置などの事業を順次進めて来ました。また近々完成予定の市立中央図書館などを含む複合施設〝みんなの森 ぎふメディアコスモス〟に続き、岐阜駅東や柳ケ瀬の高島屋南地区でも新たな再開発事業が着実に進んでいます。このように本市では新たなキラメキがあちらこちらに出現してきています。〝人は見た目が9割〟という説もあるように、都市の魅力ある「外観のキラメキ」は人の関心を引く上では大きな要素になります。

人間主義都市を標榜《ひょうぼう》する岐阜市ではこのような外観的なキラメキだけではなく、「内なるキラメキ」にも満ちあふれています。中学校卒業までの子ども医療費無料化（入院・通院とも）、保育所の待機児童ゼロの継続、子ども・若者総合支援センターによる支援を必要とする子どもや若者に対する心のこもった対応、また、教育立市の理念に基づいた英語教育、ＩＣＴ教育、理数教育（ＳＴＥＭ）、起業家教育の充実など小・中学生が持てる能力を最大限に発揮できるための環境整備、国の重要無形民俗文化財への指定の答申を受けた長良川鵜飼など本市の「内なるキラメキ」は数え上げればキリがありません。

異常気象が常態化している中、災害から市民の皆さんを守る拠点となる市役所新庁舎の〝みんなの森　ぎふメディアコスモス〟南側への移転建て替えも決まり、いよいよ設計に入っていきます。2年後の2017（平成29）年は信長公入城・岐阜命名450年の年にあたります。教育立市、医療・健康立市、地産地消立市に観光立市も加え、岐阜市をいろいろな色に煌《きらめ》かせ、岐阜市に定住人口、交流人口を大いに呼び込もうではありませんか！

（平成27年2月1日号掲載）

269

戦後70年に思うこと

今年は第2次世界大戦で日本が敗戦を迎えてから70年目の年に当たります。戦争が終わった後のこの70年間の日本の変わりようには大いに驚かされます。戦後の日本は、復興に向け日本人ならではの努力により一時は世界第2位の経済大国になるなど奇跡の復活を遂げました。この間復興のため粉骨砕身まさに身を粉にして命がけで日本のため頑張ってこられた先人たちには大いに頭が下がります。先人たちは国のため、自分たちの子孫のため〝私《わたくし》〟を捨て、本当に必死に働いてこられました。滅私奉公とでも言うのでしょうか？

さて、かつて私は〝個の復権〟という一文をしたためたことがあります。戦後皆が同じ方向に向かって力を合わせて素晴らしい国を築いてきた中で、人々の持つ〝個が犠牲〟になったのではないか？ とほのかな疑問を持ったからです。人間はいろいろな場合に幸福を感じます。中でも自分の個性が最大限に発揮できた時に感じる幸福感は特に大きいと思います。日本が物質的に豊かになった今こそ、人々がそれぞれの色にキラキラと煌《きら》めく個性あふれる多様性のある社会をつくることが望まれています。国の形を中央集権から地方分権型に変えることにより金太郎飴のように画一的な社会から脱却しようという動きもこの一環ではないでしょうか。

今ほど日本が〝多様性〟を必要としている時代はないと思います。多様性を支えるものが〝個の復権〟です。付和雷同するのではなく、自分の意思に基づき確固とした〝個〟を発揮することで自分自身も充実でき、また世の中を活性化することもできます。ここでちょっと気になるのが最近顕著になってきている権利主張の風潮です。正当な自分の権利を主張することは決して否定されることではないと思います。しかし、ここで大切なことは社会で生活する上では〝権利の裏には義務〟があり、また〝自分の権利とともに他人にも権利〟があるということです。それに加え、難しいテーマですが公益と私権の兼ね合いも大切です。

果たすべき義務を果たし、他人の権利をしっかり尊重した上で、大いに〝個の復権〟が実現される社会をつくっていきたいものです。

（平成27年2月15日号掲載）

英語教育 in 岐阜市

今回は教育立市を標榜《ひょうぼう》する岐阜市の英語教育についてお話をします。最近本市の小学校における英語教育がテレビや新聞などで頻繁に報道されるようになりました。その理由は、国でもようやく小学校での英語教育を開始しようという動きが出てきたからです。文部科学省は小学校における英語教育について、今から3年後の2018（平成30）年度に一部の学校で3・4年生の英語活動と5・6年生の英語教科を先行実施し、5年後の2020（平成32）年度に全面実施する方向で検討を始めました。

実は岐阜市ではすでに今から11年前の平成16年に小学校に英語教育を導入しました。国に対し構造改革特区の認定申請を行い、市内すべての小学校の3～6年生に対して〝英語でふるさと自慢〟特区として正式に英語科の時間を設けるとともに、1・2年生に対しても、毎日10分程度の英語に親しむ時間を設け、英語に対するアレルギーを生まないように努めたのです。今年4月からはこの1・2年生に対しても正式に教科として英語科の時間を設け、1年生から6年生までのすべての小学生に対して英語教育を始めることにしました。

今年1月13日の文部科学大臣定例記者会見で〝岐阜市が小学校1年生から英語教育を始めること〟についての感想を求められた下村博文文部科学大臣は「岐阜市の取り組みはぜひチャレンジしてほしい。成果・効果が上がる取り組みであれば文科省の参考にもなるし、全国のモデルにもなる」と発言されました。2月に入って全国紙を含む新聞紙上で「小学英語、岐阜市の挑戦」「低学年から〝慣れ親しむ〟」などのタイトルで報道され、テレビでも朝の全国放送や夜の番組などで大きく取り上げられました。

小さな子どもたちが文法や書き方を教わらなくても日本語が話せるようになるのは、〝丸暗記能力〟があるからです。この能力は7~8歳をピークに低下し、徐々に論理的な思考にとって代わられるのだそうです。大人たちが話す日本語を丸暗記し、オウム返しに反復することによって、日本語が話せるようになるのです。ですから英語も同じことで丸暗記能力の高い幼児期から始めることが望ましいのです。

国際化がますます進展し英語の必要性は増しています。英語が理解できれば、インターネットを介して世界中の情報に接することができます。小学校からの英語教育で育った〝ぎふっ子〟が素晴らしい国際人として成長してくれることを望んでいます。

（平成27年3月1日号掲載）

271

〝出ずるを制し、入りをはかる〟岐阜市の平成27年度予算案

お正月が来たと思ったら、もう桜の季節も目前。そこで今号では〝果敢なる挑戦〟を掲げた、岐阜市の新年度予算案についてできるだけ分かりやすくお話をしてみたいと思います。岐阜市の予算は一般会計、特別会計、企業会計の三つの予算によって構成されています。通常、予算規模や事業内容を語るときは一般会計予算によることが多いので今回もその例にならってお話をします。新年度の一般会計予算案の規模は１５６９億円で、史上最高だった２０１４（平成26）年度予算とほぼ同じ水準です。高齢化の進展により医療費や介護費などの社会保障関係費が増えているため、今後とも予算規模は大きくなっていくと思います。

出費（歳出）が増えていく中、収入（歳入）を増やす必要があるため、これまで徹底的な行財政改革を実行してきました。しかし無駄を省いて出費を抑えるだけでは財源が足りなくなるので、新年度は〝果敢なる挑戦〟によって人や企業を惹きつけ、税収などの歳入を増やす施策もあわせて行っていこうというものです。

昨年4月に岐阜市子ども・若者総合支援センターを開設し、1年間で1万件以上の相談が寄せられました。新年度は〝子ども未来部〟を新たに作り、多くの部に分散していた子ども子育て関係の諸施策を総合的に企画・立案し、戦略的に推進をしていきます。7月18日にはいよいよ中央図書館などを含む〝みんなの森 ぎふメディアコスモス〟が開館します。建築界のノーベル賞とも称されるプリツカー賞を受賞された伊東豊雄さんの設計による環境にやさしい斬新なデザインや、名誉館長にご就任いただくノーベル物理学賞受賞者の益川敏英教授などの効果により、岐阜市の名前が国の内外におおいに発信されるものと期待しています。

新年度はその南側に市民の皆さまにとって防災拠点としても大切な、市役所新庁舎建設に着手します。地元企業にも配慮した設計者選定手続きを経て、平成27・28年度に設計を行い平成29年度に着工、平成32年度の完成を目指します。また、3月2日に〝長良川の鵜飼〟が国の重要無形民俗文化財に指定され、いよいよ無形文化遺産登録に向け弾みがついてきました。新年度はさらなるステップアップをはかります。新年度予算にはほかにも防災、医療・健康、農業などの産業育成、英語、ICT、自然科学などに配慮した教育などさまざまな市民目線の施策満載です。〝乞うご期待！〟

（平成27年3月15日号掲載）

272

見逃すな、子どものSOS!〝岐阜市 子どもホッとカード〟

今年2月の川崎市の中学1年生殺害事件は社会の大きな反響を呼びました。昨年7月の佐世保市の同級生による女子生徒殺害事件、2011(平成23)年の大津市におけるいじめ自殺事件など最近子どもを巻き込んだ悲惨な事件が後を絶ちません。これらには、スマートフォンを使ったLINEなどのソーシャルネットワークの普及、核家族化、地域コミュニティ力の衰退、社会性が未成熟なままの子どもの早すぎる発達などさまざまな原因が考えられます。ほかにも、子ども間の格差、貧困問題など、課題を数え上げればきりがありません。

いずれの事件でも児童相談所、学校など関係機関の連携不足や対応のまずさが指摘さ

岐阜市子ども・若者総合支援センター開所式

れていますが、本当の課題はどのように子どもの心の内面に寄り添うかということです。究極の教育立市を掲げる本市では昨年4月に岐阜市子ども・若者総合支援センター〝エールぎふ〟を立ち上げました。予想どおり反響は大きく、発足後1年間で1万件を超える相談が寄せられました。川崎市の事件を受け、日々〝進化する組織〟を標榜《ひょうぼう》する〝エールぎふ〟ではさっそく〝岐阜市 子どもホッとカード〟の発行という新たな取り組みを始めます。

年間1万件を超える相談のうち、子どもによる直接の相談はわずか29件、率にして0・3%に過ぎなかったことから、子どもの悩みが直接届く環境づくりが不可欠と判断したためです。

名刺大のこのカードには子ども専用の電話番号とメールアドレスとともに、〝悩みがあったら、すぐ相談してね。誰にも言わないから安心してね〟と子どもの心にやさしく寄り添う言葉が記されています。新学期に約6万枚のカードを用意し、市内すべての小学生、中学生、高校生に配布します。不登校の子どもには家庭に出向いて先生から直接手渡していただく予定です。

岐阜市では4月から〝子ども未来部〟を創設し、子ども・子育てに関する施策を一元的に立案、推進する体制をとります。また、岐阜市型コミュニティ・スクールはすでに高い評価を得ていますが、今年度中には市立の小・中学校、特別支援学校、70校すべてへの導入が完了し、さらに進化させることで昔のような地域あげての子育て環境を整えていきます。新年度も〝子育て・教育立市ぎふ〟のさらなる推進により、交流人口、定住人口の増加をはかっていきます。

（平成27年4月1日号掲載）

273

〝格差社会〟到来!?

今年早々、フランスの若手経済学者トマ・ピケティ氏が来日し日本中で格差の問題が大いに議論されたのは記憶に新しいところです。同氏は〝21世紀の資本〟という著書の中で、過去200年間の資料を調査した結果、株や不動産などから生まれる収益(資本収益)は国の経済成長率を上回ることが分かったとし、放置すれば資本を持つ一部の富裕層への富の集中が進み、格差がさらに広がると警告しています。格差というと所得格差、地域格差、世代間格差などいろいろあります。

その中でも、私は特に教育格差に着目したいと思います。それは所得格差などさまざまな格差の根源に横たわっているのが教育格差ではないかと思うからです。良い教育を受ければ、一流企業などへ就職する機会が広がり、高所得が期待できます。逆に、家庭の経済的理由などで良い教育環境に恵まれないと、その道のりが険しくなります。日本を代表する東京大学がその在校生の家庭の所得状況を調べたところ〝半数以上〟の家庭は高所得世帯だったそうです。ちょっと荒っぽい言い方をすれば親の年収差(所得格差)が進学先の選択に影響する（学歴格差）ということでしょうか。

また、国内総生産（ＧＤＰ）に占める日本の公的教育支出はＯＥＣＤ（経済協力開発機構）加盟の先進31カ国中最下位である一方、家庭の支出に占める私的教育支出は第5位という統計もあります。つまり他の先進国に比べ日本の教育は各家庭の支出に依存しているとと言っても過言ではないでしょう。日本では、希望する高校や大学に入学するためには、義務教育に加え、塾や家庭教師などさらなる私的出費を必要とします。つまり親の所得格差が教育格差、学歴格差となり、それがその子の所得格差へと連鎖していく構造になっていないでしょうか？

岐阜市の子どもの塾に通う割合は73・6％にも上り、全国的に見てもきわめて高いレベルにあります。このような状況を改善するため岐阜市では〝教育立市〟の旗の下、義務教育の充実による教育格差の解消を目指しています。小学校からの英語教育、電子黒板、タブレット、デジタル教科書などを使ったＩＣＴ教育、理数科教育への先進的取り組み、市立図書館の充実など数え上げればきりがありません。今後とも岐阜市の子どもが平等に質の高い教育を受ける機会を得られ、それぞれに自分の得意とする才能を伸ばしていける環境を整備していきます。

（平成27年4月15日号掲載）

274

ひと味違うぞ！今年の〝長良川鵜飼2015〟

5月11日、いよいよ今年の長良川鵜飼が開幕です。鮎の遡上《そじょう》状況も、4月6日に始まった鵜飼観覧船の予約受付状況も順調で、今年の長良川鵜飼が大いに盛り上がるものと期待しています。さて今年の3月2日に長良川鵜飼は国の重要無形民俗文化財に指定されました。昨年3月に長良川中流域の景観が国の重要文化的景観に選定されたことに続いての快挙であり、歴史と自然あふれる金華山を背景として繰り広げられる長良川鵜飼の価値を大いに高めてくれるものと喜んでいます。

今から1300年ほど前の702年、大宝律令《たいほうりつりょう》の中に美濃国の鵜飼女の戸籍の記載があり、この年を長良川鵜飼の始まりとしています。その後も時の権力者により手厚く保

鵜飼開きの日に「道三丸」進水

護され、鵜匠たちが、源頼朝の逃亡を助けたという記述や、織田信長、徳川家康や松尾芭蕉、チャプリンなどが乗船したという記録が残っています。現在も長良川鵜飼の6人の鵜匠は宮内庁式部職《しきぶしょく》とされ、毎年夏には2回、宮内庁主催の外交団鵜飼が開催されています。1997（平成9）年には天皇・皇后両陛下、ぎふ清流国体が開催された2012（平成24）年には皇太子殿下も鵜飼を観覧されています。

2004（平成16）年以来、岐阜市では長良川鵜飼をユネスコの無形文化遺産に登録しようとさまざまな取り組みをしてきました。今回、長良川鵜飼が国の重要無形民俗文化財に指定されたことはこの無形文化遺産登録に向けて大いに弾みとなります。今年度、岐阜市では無形文化遺産登録に向けての戦略プログラムを策定するとともに、数千本の、のぼり旗、ポスター、法被による市内外へのPRなどで登録への機運を一層高めていきます。また6月6日にはじゅうろくプラザで長良川鵜飼未来シンポジウムを開催し、鼎談《ていだん》やパネルディスカッションを予定しています。

このような機運の醸成には、行政だけではなく市民、産業界とりわけ観光業界をも巻き込み、市全体を挙げて活動していくことが不可欠です。無形文化遺産への登録は観光業界のみならず地域全体の活性化にも大きな効果が期待できます。今後、2022(平成34)年の無形文化遺産登録を目標に、市民の皆さんとともに大いに盛り上がっていこうではありませんか!

(平成27年5月1日号掲載)

275

信長公ゆかりの中国・「曲阜」

昨年は岐阜市と中国・杭州市の友好都市提携35周年でしたが、あいにく台風のため杭州市訪問ができず、今年の4月に訪中しました。その際、杭州市に加え「曲阜市」を訪問しました。再来年の２０１７（平成29）年は織田信長公の入城・岐阜命名４５０年の年に当たり、岐阜市では〝信長公４５０（よんごーまる）プロジェクト〟としてさまざまな取り組みを計画しています。信長公は、周の文王が国を興した岐山の〝岐〟と、孔子の生誕地・曲阜《きょくふ》の〝阜〟を組み合わせて〝岐阜〟と命名したと言われており、曲阜市と岐阜市は浅からぬ因縁があります。

曲阜市の人口は63万人と岐阜市の約1・5倍程度のまちですが、驚いたことにその人口の約2割にあたる約12万人が〝孔〟の姓を名乗り、孔子の子孫と言われています。曲阜市には三孔と呼ばれる場所があります。曲阜・三孔とは孔廟《こうびょう》、孔府《こうふ》、孔林《こうりん》の総称で、孔子を祀《まつ》るため建てられた孔廟、孔子直系の子孫が暮らす場所として建てられた孔府、孔子とその子孫のための広大な墓所である孔林はいずれも世界遺産に指定されています。墓所としては世界一と言われる孔林の面積は２００ヘクタールを超え、孔子とその子孫合わせて約10万のお墓があるそうです。

曲阜市訪問　大成殿の前で

孔子は紀元前５５１年に生まれ紀元前４７９年に亡くなったとされています。当時はまだ紙がなかったため、有名な〝論語〟も、竹簡《ちくかん》と言われる竹でできた札《ふだ》を紐《ひも》で編んだものに書かれています。このころの日本と言えば、縄文土器で有名な縄文時代の末期で、竪穴式住居に住み、石の弓矢などを使った狩りや漁をして暮らしており、各地に当時の貝塚も残っています。現代でも尊敬され、またさまざまな場面で引用されている〝論語〟がすでにその時代に書かれていたとは驚くばかりです。

先日〝「信長公のおもてなし」が息づく戦国城下町・岐阜〟が日本遺産の第1号に認定されました。２０１７年の〝信長公４５０プロジェクト〟や長良川鵜飼の無形文化遺産登録に向けても大いに弾みがつきます。岐阜市の持つ地域資産、他がまねのできない歴史資産を活用し大いにわがまちを盛り上げようではありませんか！

（平成27年5月15日号掲載）

276

日韓の架け橋 水崎林太郎 という人

前号で織田信長公の岐阜命名に所縁《ゆかり》のある中国・曲阜《きょくふ》市について書きましたが、その中国出張に合わせ、韓国・大邱《てぐ》広域市にある寿城《すそん》区《く》を訪問しました。2年ほど前にこの「元気宅配便」221号でしたためた〝郷土の偉人 日韓の懸け橋……水崎林太郎〟という一文の中で〝水崎氏は旧加納町長などを務めた後、寿城区に渡り寿城池《すそんいけ》など灌漑《かんがい》事業に尽力され現地の人々からいまだに尊敬されている、岐阜市が誇る郷土の偉人です〟と紹介しました。今年はその水崎林太郎氏が寿城区に渡って100年で、また没後75周年にあたることから、現地での追慕祭に参加するよう要請を受け、訪問したものです。

両国政府間でのさまざまな外交努力にもかかわらず竹島問題、慰安婦問題などもあり、

寿城区訪問、追慕祭

日韓関係の改善にはさらなる努力が必要な現状と言わざるを得ませんが、今年は日韓国交正常化50周年、終戦70年の年であり、日本と韓国にとっては大変重要な節目の年ともいえます。そのような中、１００年前に韓国に渡り、いまだに韓国の人々から尊敬を集め、現地の人々によってしっかりと墓守りをしていただいている岐阜市出身の日本人がいるという現実は、日韓関係の将来に大きな期待を抱かせるものではないでしょうか？

この追慕祭では水崎林太郎氏の曽孫《ひまご》さんやそのご長男が献花され、韓国伝統舞踊なども披露されました。ソウルからは駐韓日本大使も参加、献花をされました。さて、その寿城区は韓国における教育満足度「教育幸福指数」全国1位の都市と言われ、教育立市を掲げる岐阜市と同様、大変熱心に教育に取り組んでいました。今回は図書館や幼稚園などを訪問しましたが、中でも小学生向けの英語教育施設〝グローバル・ステーション〟は大いに参考になるとともに、全国の公立小学校に先駆け、小学校1年生から英語科教育に取り組んでいる岐阜市に通ずるものを感じました。今後、寿城区とは教育などを切り口に交流を深めていきたいと思います。自治体外交、草の根外交により友好関係を深め、1日も早く両国民が、お互いに尊敬し合い、助け合える関係を築きたいものです。

（平成27年6月1日号掲載）

277

今、「信長公」「鵜飼」の岐阜市に熱い視線が！

山紫水明の長良川、金華山、１３００年の伝統を誇る長良川鵜飼、当地で足掛け10年間を過ごし天下統一を夢見た織田信長公、日本書紀に記述のあるわが国の製薬業発祥の地、古典落語の祖と言われる安楽庵策伝和尚生誕の地などなど。これらは他の都市が決してまねのできない、岐阜市の誇る豊かな地域資源、歴史資源の一例です。岐阜市のさらなる活性化、発展のためにはこれらの都市ブランドを有効に国の内外に発信していくことが不可欠です。そのためには岐阜市役所のみならず、岐阜市民全員がこぞって取り組む必要があります。

今年は終戦70周年の年です。戦後日本はひたすら、日本人の勤勉性、科学的知見、手先の器用さを生かした〝ものづくり〟で発展してきました。今わが国にはこれまでの科学・技術立国に加えて〝おもてなし〟という言葉に代表されるような観光、食、伝統文化といったクールな（かっこいい）日本を発信し、サービス立国を目指すことが求められています。官民挙げての努力により昨年の訪日外国人観光客数は１３００万人を超え、東京オリンピック・パラリンピックが開催される２０２０（平成32）年までに2千万人を目指すとされています。

サービス業を中心とした第3次産業の比率が約90％と高い岐阜市としても、このような時代の流れを的確に把握し、しっかりとその潮流に乗っていく必要があります。そんな中、今年に入って岐阜市にとって大変うれしい動きがいくつかありました。3月の〝長良川の鵜飼漁の技術〟の国重要無形民俗文化財指定、4月の〝「信長公のおもてなし」が息づく戦国城下町・岐阜〟の日本遺産第1号認定。5月の〝清流長良川の鮎〟の世界農業遺産候補現地調査。また、以前にも、２０１１（平成23）年2月に金華山一帯の〝岐阜城跡〟の国史跡指定、２０１４（平成26）年3月には〝長良川中流域〟が東海地方初となる国の重要文化的景観に選定されています。

国や国際機関によるこれら一連の動きは、岐阜市の持つ歴史的価値や自然環境を公的に評価するものであり、長年の懸案である長良川鵜飼のユネスコ・無形文化遺産登録に向けて大きな弾みとなります。2年後の2017（平成29）年は織田信長公入城・岐阜命名450年の年に当たり、今年の4月に岐阜市では〝信長公450（よんごーまる）プロジェクト〟を始動させました。2年後に向け、今〝日本一あついまち岐阜市〟を大いに発信していきたいと思っています。

（平成27年6月15日号掲載）

278

地方創生へ！「プレミアム付き商品券」発売開始！

いよいよ7月1日からプレミアム付き商品券の発売が始まります。たとえば1万円の商品券を買うと、1万2千円分の買い物ができるというもので、これで地方の経済の活性化をはかろうと国の交付金を財源として行われるものです。千円の商品券12枚（1万2千円分）で1セット（1万円）となっており岐阜市では17万セットを発売予定です。事業の概要は以下の通りです。

販売開始日：平成27年7月1日（水）午前9時から。売り切れ次第終了
買える場所：十六銀行、岐阜信用金庫など市内の6金融機関102店舗
買える数量：一人5セット（5万円）まで

使える期間：平成27年7月1日（水）～平成27年12月20日（日）
使える場所：市内の登録事業所で最終的には約3千事業所を想定。現在約900事業所

使える事業所の一例：
・大型店：スーパー、ショッピングモールなど
・食料品：青果店、鮮魚店、精肉店、精米店など
・飲食店：食事処、レストラン、喫茶店、居酒屋など
・理美容：理髪店、美容院、エステサロンなど
・レジャー：映画館、カラオケ、スポーツ施設など
・宿泊：ホテル、旅館、民宿など

これらはほんの一例です。この他にもいろいろありますから、チェックしてみてください。また公共料金、たばこ、ガソリンなど使えない分野もいくつかありますから念のため確認してください。

昨年の消費税増税後、低迷気味の消費活動を刺激して、地方、地域の商店や事業所の活性化を図り地方を創生しようというのが、政府が目指すプレミアム付き商品券の趣旨です。岐阜市全域の小売業の年間販売額を見てみると、1991（平成3）年に5600億円強だったものが2007（平成19）年には約4600億円へと19％近くも落ち込んでおり、中心市街地だけを見ると62％強とさらに大きな落ち込みとなっています。現在岐阜市では少子化対策や地域経済の活性化に取り組むための岐阜市まち・ひと・しごと創生総合戦略を策定中です。また、岐阜シティ・タワー43など岐阜駅周辺の再開発事業に続き、高島屋南地区の再開発事業などさらなる中心市街地活性化策も進めていきます。このプレミアム付き商品券事業が岐阜市民の消費活動を喚起し地域商店街の活性化のきっかけになってくれることを心から祈っています。

（平成27年7月1日号掲載）

279

〝みんなの森 ぎふメディアコスモス〟開館で岐阜市の活性化！

7月18日（土）、いよいよ〝みんなの森 ぎふメディアコスモス〟がオープンします。2006（平成18）年に基本構想を策定して以来、足かけ10年を経ての開館には感慨深いものがあります。知の拠点となる市立中央図書館を中心に、絆の拠点・市民活動交流センター、文化の拠点・みんなのギャラリー、みんなのホールからなる複合施設は岐阜市の主役である市民の皆さんの活動の拠点として大いに活用されることでしょう。岐阜産のヒノキが豊富に使用されている館内に一歩足を踏み入れると、人の心をリラックスさせてくれる〝フィトンチッド〟という木の香りがいっぱいです。

外に出てみると、つい散歩したくなるカツラ並木が続く〝せせらぎの並木テニテオ〟、

みんなの森　ぎふメディアコスモス開館記念式典

市民の皆さんからご寄付いただいた樹木やハーブ、芝生が一面に配置された石畳の広場〝みんなの広場カオカオ〟が皆さんの心を癒《い》やしてくれること請け合いです。現在暫定駐車場として整備されているぎふメディアコスモス南側では2020（平成32）年までに岐阜市役所新庁舎が整備される予定になっています。みんなの広場カオカオをはさんで市民の拠点・〝ぎふメディアコスモス〟と行政の拠点・市役所新庁舎が向かい合い、〝市民と行政の協働〟した市政の実現に向かっていよいよ大切な一歩を踏み出すことになります。

建築界のノーベル賞といわれるプリツカー賞受賞者である伊東豊雄先生の設計による〝ぎふ

メディアコスモス〟の名誉館長にはノーベル物理学賞受賞者の益川敏英先生にご就任いただくことになっています。お二人の著名人にかかわっていただくこの施設は、日本国内はもとより国外の人々にも岐阜市の名前を大いに発信してくれるに違いありません。最終蔵書数90万冊、座席数910席と他に類を見ない規模を持ったこの施設には年間100万人以上の来場者を見込んでおり、所在地の司町界隈には〝静かなる賑《にぎ》わい〟が新たに創出され、その賑わいは岐阜市全体に広がっていくものと信じています。

〝みんなの森 ぎふメディアコスモス〟から生まれるこの〝静かなる賑わい〟は、水面《みなも》の波紋のごとく、現庁舎のある今沢町を経て、柳ケ瀬、岐阜駅前、さらには岐阜市全体に広がり、岐阜市を大いに活気づけてくれます。ぎふメディアコスモスの活用は皆さん一人ひとりの元気ばかりか、岐阜市全体の元気にもつながるのです。書籍や周りの人々から知的刺激を受け、大いに人生を楽しもうではありませんか! 論語にいわく〝これを知る者はこれを好む者に如《し》かず、これを好む者は、これを楽しむ者に如かず（かなわない）〟

（平成27年7月15日号掲載）

280

〝教育立市ぎふ〟と教育制度改革

最近になってまたまた教育制度改革についての議論がマスコミ紙上を賑《にぎ》わすようになってきました。資源小国の日本にとって〝人（人財）こそが唯一の資源〟と言っても過言ではありませんから、教育は最重要課題です。それゆえ日本の教育制度については、その時々の一過性の事情に左右されることなく、国も地方も真剣・深刻に考え、持続可能な制度を構築する必要があります。詰め込み主義の受験戦争からの脱却をはかろうと始まった〝ゆとり教育〟も見直され、国際社会で伍《ご》していけるとともに、厳しさを増す世界経済の中で日本の産業を再生・成長させることのできる人材の育成が急務となってきています。

地方教育行政法の改正により、今年の4月から市長などの首長のもと総合教育会議を設置し、それぞれの自治体ごとに教育大綱を策定することとなりました。安定成長の時代は終わり、世はまさに変化の時代を迎えています。このような時代にあって求められるのは、変化の中で自ら課題を見つけ、他人と力を合わせて、模範解答の用意されていない問題に挑戦し、答えを導き出していける人材なのです。もはや解答を丸暗記するような知識・技能習得型の教育だけではダメな時代になりました。〝最も強い者が生き残る（弱肉強食）のではなく、最も賢い者が生き延びるのでもない。唯一生き残ることができるのは、変化に対応できる者である〟というダーウィンの言葉が頭をよぎります。

そのためには夢や志を持ち、その実現に向け必死で挑戦する意志や意欲を備えた人材が求められます。つまり、人に強制されるのではなく自ら進んで課題に対し主体的に挑戦し、他人と協力しながら解決策を求めていくアクティブ・ラーニング（能動的学習）の姿勢が必要なのです。大学入試センター試験については、２０２０（平成32）年度の廃止が検討されています。それに代わって新たに高等学校段階の基礎学力を評価するための〝高等学校基礎学力テスト（仮称）〟と大学入学希望者に対する〝大学入学希望者学力評価テスト（仮称）〟を設けるなど、高・大接続改革が予定されています。ほかにも、欧米で普及している職業専門学校の導入なども検討の俎上《そじょう》に上がっています。

岐阜市ではこれらの時代の流れを踏まえ「教育立市ぎふ」をさらに深化させ、〝教育で選ばれるまち岐阜〟の実現を目指していきます。

（平成27年8月1日号掲載）

281

スマートウエルネスぎふで健康寿命の延伸を！

岐阜市は全国63の市町や区で構成されるスマートウエルネスシティ（ＳＷＣ）首長研究会のメンバーとして国をも巻き込み健康寿命を長くする運動に取り組んでいます。この研究会は２００９（平成21）年に岐阜市や新潟市を含む9市長が発起人となり設立され、筑波大学の久野教授（岐阜市出身）をコーディネーターとして活動し、現在では63自治体まで拡大してきました。日頃からの歩行習慣、食習慣の改善、積極的な社会参加などによって健康で幸福な生活を送れる都市（健幸都市）を目指そうという運動です。健康で長生きすることができれば本人、国、自治体にとっても医療費の抑制を図ることができ、年々1兆円規模で進む社会保障費の増大に歯止めをかけることも可能です。

SWC 首長研究会

先日、開館したばかりの〝みんなの森 ぎふメディアコスモス〞で初の地方開催となる首長研究会が開催され、全国43の自治体から25人の市長、町長を含む総勢約１６０人が参加しそれぞれの取り組みの発表や、活発な意見交換が行われました。〝外出促進と車移動からの転換策のイノベーション〞という今回のテーマに基づき本市の取り組みについても事例を発表しました。柳ケ瀬健康ステーションに続き今年度中には長良川健康ステーション（仮称）を開設する予定であること。市民協働の手作りコミュニティバスや連節バスを活用した岐阜市型ＢＲＴの取り組みによる自家用車移動からの転換促進策。ぎふ清流ハーフマラソン、長良川ツーデーウオークなどを通じた健康意識の向上策。ぎふメディアコスモスのせせらぎの並木〝テニテオ〞や岐阜公園近くの梶川通りにおける歩行者、自転車、自動車を分離した歩行者にやさしい道づくりなど、各種取り組みを紹介しました。

健康寿命の算出方法に差があるため単純比較は困難ですが、介護保険のデータから算出している中核市21市の比較では、岐阜市は男性で中位、女性でやや下位にあります。今後は世界一を誇る平均寿命だけではなく健康寿命をも意識した政策展開が必要となります。健康寿命を延ばすためには若いうちから「適度な運動」「適切な食生活」「積極的な社会参加」の三つが重要です。特に高齢者になった後の積極的な社会参加がキーとなります。今後、岐阜市としてもそのための政策を積極的に実行していきます。市民の皆さんも、健康寿命を延ばすため自らの意識を高め、共に努力していこうではありませんか！

（平成27年8月15日号掲載）

282

胸ときめく「みんなの森 ぎふメディアコスモス」大盛況！

7月18日にオープンした〝みんなの森 ぎふメディアコスモス〟は夏休みということもあって、子どもを含む多くの来館者で連日大盛況となっています。8月末までの来館者数は20万人を上回りました。開館当初とはいえ1カ月半で20万人という数字は開館前の期待を大きく上回るもので目標の年間来館者数100万人はどうやら達成できそうでうれしい限りです。設計者の伊東豊雄さんと名誉館長にご就任いただいた益川敏英さんという世界的にも著名なお二人の影響力をもってすれば岐阜市の名前を国の内外に発信できるものと大いに期待しています。

この施設は単なる図書館の〝知の拠点〟機能にとどまらず、ボランティア活動やＮＰ

O活動、国際交流の拠点となる市民活動交流センターの〝絆の拠点〟機能、さらに市民の皆さんの文化・芸術活動のための〝文化の拠点〟機能をも備え持つ総合人間力開発拠点です。まさに岐阜ルネサンス発祥の地というにふさわしい施設であり、市民の誇りと言っても言い過ぎではないと思います。この市民の拠点〝ぎふメディアコスモス〟は、将来南側に整備される予定の行政の拠点、岐阜市役所新庁舎と協働してまちづくり、人づくりに大きな力を発揮してくれるものと期待に胸が弾みます。

来館者の評判も上々です。〝光が降り注ぎ、ワンフロアの心地よさがある〟〝自宅のリビングのような居心地〟〝森の中のよう〟〝コミュニケーションの輪がある〟〝コンビニもあり何時間でも滞在したい〟〝ウォーキングを兼ねてできるかぎり来たい〟など、施設を整備して本当によかったなと大変うれしく思いました。本を積んで館内を巡回する〝子育てわんこのおはなしカート〟も大人気です。今後も魅力的なイベントが矢継ぎ早に用意されています。9月19日（土）から23日（水）に、〝ほん×まちフェスタ〟が開催されるのをはじめ、10月10日（土）にはビブリオバトル〝群雄割拠の書評王決定戦〟、翌11日（日）には岐阜県出身の直木賞作家、朝井リョウ氏を迎えて〝めざせ直木賞作家！

ぼくのわたしのショートショート発表会〟が開催され、作家志望の中高生が自主発表を行います。

7月15日号の広報ぎふで〝書籍や周りの人々から知的刺激を受け、大いに人生を楽しもうではありませんか！〟と期待を記しましたが、今のところこの期待どおりの評価を頂けていると喜んでいます。今後とも市民の皆さんに愛され、楽しまれ、あわせて知的成長が期待できる場であるよう心から祈っています。皆さんもぜひこぞって〝みんなの森 ぎふメディアコスモス〟に行ってみようではありませんか！

（平成27年9月1日号掲載）

283

「敬老の日」に思うこと

敬老の日が9月15日から9月第3月曜日に変わってすでに10年以上がたちました。「国民の祝日に関する法律」の改正、いわゆるハッピーマンデー法のおかげで今年は大型連休になる人も多いと思います。今、私は2004（平成16）年の市長の元気宅配便「椿寿《ちんじゅ》」を読み返しています。ちょうど10年ほど前の話ですがちょっとご紹介しましょう。「椿は8千年も生きる長寿の木と言われている。日本は世界一の長寿国で平均寿命は女性が85・3歳、男性が78・4歳。岐阜市の100歳以上人口は43人で約1万人に1人の割合」というものです。

さて10年後の現在と言えば、平均寿命は相変わらず女性が世界1位、男性が世界3位と世界屈指の長寿国です。最近の関心は平均寿命より、医療や介護のお世話にならず自立しながら長生きをする健康寿命に移ってきています。その健康寿命も女性75・6歳、男性71・1歳といずれも世界1位です。ちなみに世界で最も平均寿命の短い国はアフリカのシエラレオネでなんと46歳です。乳幼児期の死亡率が高いためと考えられています。世界一健康で長生きできる日本人は世界一幸福な国民と言っても過言ではないと思います。

岐阜市の100歳以上人口といえば2015（平成27）年4月1日現在で、なんと149人おられます。わずか10年余りで43人から149人へと実に100人以上、3倍以上に増えたということになります。私事に渉《わた》って恐縮ですが今年の7月には私の実父も満100歳になりました。10年前には約8万人だった岐阜市の65歳以上人口は現在11万人を超えており高齢化率は26・8％、4人に1人以上は65歳以上ということになっています。最近の元気な高齢者の肉体年齢は10年ほど前に比べ10歳以上若返っているという研究もあるようです。現在わが国では生産年齢人口を15歳から65歳までとしていますが、それが70歳まで引き上げられる日もそんなに遠くないでしょう。

せっかく長くなった健康寿命。これを有意義なものにするには日頃からの、健康づくり、生きがいづくり、ネットワークづくりが欠かせません。シルバー人材センターでは自分の経験、能力、体力に合った仕事が用意されており、自分の趣味を生かすことも可能です。老人クラブでの社会活動や老人健康農園での軽い農作業はいかがですか？また病気の予防も大切です。各種介護予防事業も用意されています。運動機能や口腔機能の向上、認知症予防など日頃から積極的に取り組もうではありませんか！

（平成27年9月15日号掲載）

284

岐阜市のおもてなし

ちょうど今から2年前、2020年東京オリンピック・パラリンピック招致委員会の最終プレゼンテーションで滝川クリステルさんが、日本では「おもてなし」というユニークな方法で皆さまをお迎えします、と身ぶり・手ぶりを交えて熱心に訴えかけたことが、つい昨日のことのように脳裏に浮かびます。彼女は「おもてなし」とは日本で先祖代々受け継がれた〝見返りを求めないホスピタリティの精神〟で、日本人がお互いに助け合い、大切にお客さまをお迎えするのはこの「おもてなし」の精神があるからだと熱く語りかけました。

「おもてなし」の英語にあたる〝ホスピタリティ〟という言葉の語源はラテン語に由

来するそうです。英語で病院のことをホスピタルと言いますがこれも同一の語源から出ており、いずれも見返りを求めない行動ということで、チップやチャージが発生する〝サービス〟とは一線を画すようです。

〝人のお世話にならぬよう。人のお世話をするよう。そして報《むく》いを求めぬよう〟

これは明治・大正期の偉大な政治家・後藤新平の〝自治三訣《じちさんけつ》〟といわれる言葉です。後藤新平は初代満州鉄道総裁、逓信《ていしん》大臣、内務大臣、外務大臣、東京市長などの要職を歴任し、内務大臣時代には関東大震災後の帝都復興計画を立案し現在の東京の基礎をつくったことで有名です。この自治三訣にある〝そして報いを求めぬよう〟というのは正《まさ》に代々受け継がれてきた「おもてなし」の精神にほかなりません。

さて岐阜市は去る4月24日に〝「信長公のおもてなし」が息づく戦国城下町・岐阜〟というストーリーで日本遺産の第1号認定を受けました。今年から始まった日本遺産には全国で18都市のストーリーが認定されました。9月1日には早速、下村文部科学大臣

下村文部科学大臣来岐

が認定18都市の中で最初に岐阜市を訪問され、雨にもかかわらず岐阜城や大仏殿などを熱心に見学されました。日帰り出張という忙しいスケジュールにもかかわらず長良川鵜飼も観覧していただけたことは、「おもてなし」を前面に出して海外から観光客の誘致を積極的に進めようという国の強い決意の表れであり、岐阜市としても国と協調して「おもてなし」による岐阜市興《おこ》しに邁進《まいしん》していきたいと思います。

(平成27年10月1日号掲載)

26年度決算に見る「岐阜市の家計簿」

先の市議会で岐阜市の2014（平成26）年度決算が認定されました。財政健全化法により公表が義務付けられている健全化判断比率4指標は26年度もすべて健全でした。2007（平成19）年、北海道・夕張市の財政破綻を契機に急ぎ制定された「地方公共団体の財政の健全化に関する法律」（財政健全化法）によって、各自治体は実質赤字比率、連結実質赤字比率、実質公債費比率、将来負担比率の4指標を作成の上、公表することが義務付けられました。

赤字の程度を示す実質赤字比率、連結実質赤字比率については、岐阜市の場合いずれも〝黒字〟ですからまったく問題なく、各自治体の財政規模に占める借入金の返済額の比率を示す実質公債費比率についても国が要注意ラインとしている25％をはるかに下回る４・３％とたいへん健全でした。また将来負担比率については、国の要注意ラインがプラス３５０％以上となっている中、将来負担がゼロ以下であることを意味する本市のマイナス11・４％という数字がいかに素晴らしい数字であるかわかっていただけると思います。

夕張市の例をまつまでもなく、自治体が破綻すると悲惨なことになります。借金返済のため各種税金の税率は引き上げられ、下水料金、保育料、介護保険料などの相次ぐ値上げ、ごみ収集の有料化、小中学校の統廃合などが不可避となってきます。こうなると住民はこぞって逃げ出し、新たに来てくれる企業も期待できなくなり、まさに負の連鎖に陥っていくことになります。財政が健全であることは日頃、空気や水があることが当たり前に感じているのと同じように、なかなかその有難《ありがた》みを実感できないものです。しかし財政破綻に陥って慌てていては手遅れということになります。まさに〝事前の一策は事後の百策に勝る〟ということです。

これからも膨らみ続ける医療費や介護費などの社会保障費増大の問題、戦後70年を迎え古くなった道路、橋、下水管など社会インフラの更新問題、地球温暖化に伴う災害の大型化に備えた防災対策など、まだまだお金のかかる話ばかりです。また私たちの親とも言える国の借金は1千兆円を超え、国民一人あたりの借金は８００万円にのぼっています。このような環境下、本市においては今後とも徹底的な行財政改革で無駄を省く一方、教育立市や医療・健康立市などで皆さんから選ばれる魅力あるまちづくりにより税収を増やす施策を積極的に展開していきます。

（平成27年10月15日号掲載）

286

豊饒《ほうじょう》の秋

今年の鵜飼も無事に終わり、秋の深まりを感じるようになってきました。天候不順による10日間の中止にもかかわらず、3月の国重要無形民俗文化財指定、4月の日本遺産第1号認定などの追い風もあり、10万3千人超と、昨年を上回る皆さんに鵜飼を楽しんでいただけたことはうれしい限りです。国では観光立国の旗を高々と掲げて、2020（平成32）年までには訪日外国人観光客数2千万人の達成を目指しています。本市としても国の施策に乗り、外国人を含む多くの観光客に訪れていただけるよう観光立市に向け環境整備を進めていきます。

さて秋という季節にはさまざまな言葉が冠せられます。「食欲」の秋には栗、マツタケ、柿など、秋の味覚が私たちの胃袋を大いに刺激してくれます。天高く馬肥ゆる秋という言葉がありますが、私たちもメタボにはちょっと要注意です。「スポーツ」の秋にはどこまでも澄み渡った青空の下、各地区で運動会が開催され、老若男女を問わず交流の輪が広がります。また秋は「文化・芸術」に親しむ季節でもあります。暑すぎず、寒すぎない絶好のこの季節には、どこも美術展や文化祭、音楽フェスティバル、大学祭などで盛り上がります。まさに秋は私たちの身も心も豊か（豊饒）にしてくれる季節です。

そして秋と言えばなんといっても「読書」の秋です。鈴虫やコオロギなど虫の音をバックミュージックに秋の夜長に好きな本を読む。まさに至福のひと時ではないでしょうか。7月にオープンした〝みんなの森 ぎふメディアコスモス〟では、木の香りが立ち込める大きな空間で知的交流、知的刺激を満喫でき、市民の皆さんに大いに可愛《かわい》がっていただいています。中央図書館の利用者は開館から3カ月で38万人を超え、この調子でいけば当初予想の年間利用者100万人による〝静かなる賑《にぎ》わい〟が達成できそうです。また貸し出し冊数も36万冊を超え、わずか3カ月で旧図書館の1年間の総貸出冊数17万冊の2倍を超えるという驚異的なペースでご利用いただいています。

新しい中央図書館は旧図書館に比べ若い人たちの利用が多く教育立市を掲げる本市にとってはうれしい現象です。〝たまたま出会った本が人生を決めることもある。〟ノーベル賞受賞者で本館の名誉館長益川敏英さんの言葉です。ほかにも本市では「スマートウエルネスぎふ健幸ウォーク」「さんぽde野外ライブ」「岐阜市農業まつり」「ぎふ市民健康まつり」など秋にふさわしい行事がめじろ押しです。皆さんも岐阜の「豊饒」の秋を大いに満喫しようではありませんか。

（平成27年11月1日号掲載）

287

〝信長公450プロジェクト・2017〟リスボン、フィレンツェ

10月22日から29日までポルトガルのリスボンとイタリアのフィレンツェを訪問しました。1567年の織田信長公当地入城、岐阜命名から450年目の節目に当たる2017(平成29)年に通年開催が予定される〝信長公450プロジェクト〟は、〝「信長公のおもてなし」が息づく戦国城下町・岐阜〟の日本遺産第1号認定と合わせて、岐阜市を国内外に発信する絶好の機会ととらえており、このプロジェクトを盛り上げるためさまざまな行事を予定しています。

さて、ポルトガルの首都リスボンには『日本史』の中で信長公について多くの記述を残した宣教師ルイス・フロイスや日本にキリスト教を伝道したフランシスコ・ザビエル

リスボン訪問でポルトガル国立図書館長マリア・イネス・コルデイロ氏と面談

に関する資料が多く残されています。ポルトガルは大航海時代と言われる15世紀から17世紀にかけて、スペインと世界を二分するほどの勢いを持ち、インドからアジアにかけては、アフリカの喜望峰を回る航路を開拓し布教活動を行ったポルトガルが大きな影響力を持っていました。1569年に岐阜で織田信長公と接見したフロイスは、その著作『日本史』の中で当時の岐阜のまちや信長公居館についていろいろと記述しています。当時の岐阜の人口は8千人から1万人と言われていたことや、バビロンの混雑を思わせる賑《にぎ》わいであったこと、信長公居館は美しく、豪華で清潔で、大広間は迷宮のように広く、3階と4階の見晴らし台からは町全体が見渡せること、また居館内における若い武将たちの立ち居振る舞いなどが興味深く記載されています。

この『日本史』の原本は1835年に焼失したといわれていますが、リスボンの国立図書館にその元となった写本が残っており、今回の訪問でこれを見せていただくことができました。同時に拝見したフランシスコ・ザビエル直筆の書簡ともどもこの写本の信長公450プロジェクトへの貸し出しの可能性について検討していただけることになりました。

また、国立古美術館には狩野派の作品〝南蛮屏風《びょうぶ》〟が展示されていました。保存状態が良く、ポルトガル人が来訪した当時の日本の様子が実にいきいきと写実的に描かれていました。この屏風についても450プロジェクトへの貸し出しなどの可能性を検討していただくよう要請してきました。2017年には岐阜市民の皆さんに多くの貴重な歴史的資産に直接触れていただき、華やかに煌《きらめ》いていた当時の岐阜を実感していただくことができれば幸いです。フィレンツェ訪問については次号でご報告します。

（平成27年11月15日号掲載）

〝信長公450プロジェクト・2017〟イタリア・フィレンツェ

前号で〝信長公450プロジェクト・2017〟に関するポルトガル・リスボン訪問についてご報告しましたが、今号ではイタリア・フィレンツェ訪問についてお話ししたいと思います。皆さんもご存じのとおり、フィレンツェ市と岐阜市は1978（昭和53）年に姉妹都市提携をして以来、行政レベルのみならず民間や学校レベルでもさまざまな交流を重ねてきました。フィレンツェ市はルネサンス発祥の地として有名で、レオナルド・ダ・ヴィンチやミケランジェロ、ラファエロなど著名な芸術家を多く輩出してきました。また、当時の面影をそのまま残す街並みは丸ごと世界遺産に登録されています。

フィレンツェ訪問、同市副市長ニコレッタ・マントヴァーニ氏と面談

今から20年ほど前にこれら芸術作品の一部をお借りして岐阜市で展示しようとの試みがありましたが、阪神・淡路大震災の発生などもあり残念ながら計画は頓挫《とんざ》してしまったようです。そこで2017（平成29）年の信長公450プロジェクトに合わせ、再度この試みに挑戦しようということで今回の訪問となったわけです。フィレンツェ市役所で、今は亡き著名なテノール歌手パバロッティ氏の奥さまであったマントヴァーニ副市長と面談し、本市の意向をお伝えしたところ、何度も来日経験がある副市長は、要請に対して深い理解を示され、タイミングさえ合えばご本人もプロジェクトに合わせ訪日したいとおっしゃっていただきました。

また同副市長からは1500年代に制作された高さ6メートルにも及ぶ貴重なゴブラン織のタペストリーの貸し出しを検討しても良いとのご提案もいただきました。これはミラノ万博でも展示されたそうです。またミケランジェロ専門の〝ブオナローティ邸美術館〟において、館長にお会いし岐阜市での作品公開に向けての協力要請を行ったところ、同美術館としては岐阜市への出品を歓迎する旨の意向が示されました。市民の皆さんに岐阜の地でミケランジェロなど巨匠たちの作品を直《じか》に見ていただく機会ができればと考えていましたが、なんとか実現の目途《めど》がつきそうでホッとしています。

今回の訪問には経済界の皆さんにもご同道いただき、要請活動にご協力いただいたほか、フィレンツェ市商工会議所会頭と面談、今後両市間の経済交流をさらに深めていくことでも意見の一致を見ました。また岐阜市民民踊訪伊団による民踊交流会も成功裏に終わり、両市の友好関係深化に大いに貢献していただきました。2017年の信長公入城・岐阜命名450年には岐阜市の元気を全国に発信しようではありませんか！

（平成27年12月1日号掲載）

289

〝煌《きらめき》〟の年・2015年を振り返って

いよいよ今年も余すところわずかとなり、10大ニュースが茶の間を賑《にぎ》わす時期になりました。振り返ってみれば今年もいろいろな出来事がありました。皆さんにとってはどんな1年だったでしょうか？ 悲喜《ひき》こもごも？ 私はといえば、私事に渉《わた》って恐縮ですが、3月にようやく待望の初孫。毎日のように送られてくる動画に心癒やされるおじいちゃんになれた年というところでしょうか。国の内外に目を向けると、TPPの大筋合意、安保関連法の成立、杭《くい》打ちデータ改ざん、ラグビーワールドカップでの日本代表の活躍、ISによるテロの脅威拡大などさまざまな出来事がありました。

〝煌〟という言葉で幕開けした岐阜市にとっても、今年は話題の豊富な1年でした。

3月の長良川鵜飼の国重要無形民俗文化財指定や、4月の〝「信長公のおもてなし」が息づく戦国城下町・岐阜〟の日本遺産の第1号認定は、訪日外国人3千万人をめざし国が本腰を入れている観光産業の本市における展開にとって大いに追い風となり、本市をキラリと輝かせてくれました。7月には待望の〝みんなの森 ぎふメディアコスモス〟が完成。〝教育立市ぎふ〟の象徴ともなる新しい市立中央図書館は連日多くの利用者で賑わい、週末の開館前には、お気に入りの席を確保するため子どもたちが長蛇の列をつくるという珍事？も見られるほどでうれしい限りです。来館者は5カ月足らずですでに50万人を超え、年間100万人の目標に向け毎日のように〝静かなる賑わい〟が創り出されています。

また、今年は市立の小・中学校69校、幼稚園、特別支援学校、岐阜商業高等学校のすべての教室でエアコンが稼働を開始し、岐阜市型コミュニティ・スクールもすべての小・中学校に導入されました。6日間英語漬けのイングリッシュ・キャンプや土曜授業を活用した「才能開花教育〝ギフティッド〟」など新たな事業も加わり〝教育立市ぎふ〟にさらなる磨きがかかった年でもありました。〝百年の大計〟とも言える市役所新庁舎の建設に向け基本設計案もまとまり、本市のさらなる〝煌〟に向け市政が一歩も二歩も前進することができた1年だったと思います。『ぎふルネサンス2016〜個の復権、心の原風景〜』の基本方針のもと幕開けする2016年に向けて準備万端です。来年も皆で力を合わせ、さらに光輝く岐阜市を創造していこうではありませんか！

（平成27年12月15日号掲載）

290

謹賀新年 2016年

新年あけましておめでとうございます。皆さまは「丙申《ひのえさる》」の2016（平成28）年をいかがお迎えでしょうか? 本年も皆さまにとって輝かしく希望に満ちた1年となりますよう心からお祈り申し上げます。さる年は「去る」に通じることから〝苦難や不幸が去る〟とも考えられて来たようです。アランの『幸福論』の一節に〝人は幸福だから笑うのではなく、笑うから幸福なのだ〟とあります。ここ岐阜は古典落語発祥の地。今年も大いに笑って、幸せで元気な1年にしようではありませんか!

さて、猿にまつわることわざや慣用句もいろいろあり、中でも〝犬猿の仲〟や〝猿も木から落ちる〟などは日常的によく引用されています。日光東照宮の神厩舎《しんきゅうしゃ》には、左甚五郎《ひだりじんごろう》の作と言われる三猿《さんえん》の彫刻が掲げられています。3匹の猿がそれぞれに目、耳、口を隠し〝見ざる、聞かざる、言わざる〟と訴える姿は深遠な英知を感じさせてくれます。「礼にあらざれば視るなかれ、礼にあらざれば聴くなかれ、礼にあらざれば言うなかれ」という論語の一節に由来するとする説もあるようです。人の欠点や失敗ばかりを見つけ出そうとしたり、聞きだそうとしたり、論《あげつら》ったりすることを戒め、諭《さと》す意味もあるのでしょう。新年にあたっての心構えとしたいものです。

また、ある書物には「丙申」の年は〝強大なエネルギーを受けて物事が進展し、躍進する年であり、また骨格を固める年〟とありました。平成28年は岐阜市にとっても「骨格を固める年」になります。何事も事前の下ごしらえが重要です。料理もそうですが、野菜を切りそろえ、必要な分量の調味料をそろえ、盛り付け用の皿を用意するなど事前の準備さえ済めば、ほぼ完成したも同然です。平成28年には、2020（平成32）年度の完成を目指す市役所新庁舎の実施設計が予定されており、行政サービスの質を高め、いざという災害時には頼りがいのある防災拠点となる市役所新庁舎の骨格を固める重要な年になります。また来年2017（平成29）年には信長公入城・岐阜命名450年を祝い各種イベントを実施する「信長公450プロジェクト」が年間を通して予定されています。そのプロジェクトが成功するかどうかは今年固める事業計画次第です。

何事も〝事前の一策は事後の百策に勝る〟です。今年も地に足の着いた施策により、不透明な時代をしっかりと乗り切っていけるよう岐阜市職員一同全力で市政に取り組みます。

（平成28年1月1日号掲載）

291

人類の棲家《すみか》 地球号の未来

今や岐阜市の人気スポットと言っても過言ではないほど、毎日多くの市民の皆さんに可愛《かわい》がられている「みんなの森 ぎふメディアコスモス（メディコス）」にある「せせらぎの並木 テニテオ」ではLED電球約10万球によるイルミネーション〝イルミナード〟が開催され、毎夜10時まで、煌煌《こうこう》と美しい光を放っています。LED電球の消費電力は通常の電球の半分以下で、また寿命も長いため、今後は会社や家庭でも省エネ効果の高いLED電球への転換が急速に進んでいくことでしょう。

またこのメディコスでは岐阜市の下を流れる豊富な地下水をくみ上げ、その地中熱を冷暖房に利用することで、エネルギー消費量を同規模の建物に比較して約半分に削減しています。利用後の地下水は「テニテオのせせらぎ」に再利用されていますが、先日この〝せせらぎ〟にホタルの幼虫と、その餌になるカワニナが放流されました。ホタルの生息環境を守っていけば、来年の5月から6月にかけてホタルの飛び交う光景が見られそうです。近年農薬の使用などでめったに見られなくなったホタルの復活は自然環境や人の生活環境の改善の目安として大きな意味があります。

さて昨年末、フランスで開催されたCOP21(国連気候変動枠組み条約締約国会議)において本条約の全加盟国196カ国・地域の合意の上で、地球温暖化対策の新たな枠組みとなるパリ協定が採択されました。各国の今後の取り組み次第では、この協定が人類にとって画期的とも言える成果を出してくれる可能性を秘めています。1997(平成9)年の京都議定書では二酸化炭素の大排出国でありながら参加しなかった米国や中国も今回のパリ協定には参加し、先進国から発展途上国に対する毎年1千億ドル(約12兆円)にのぼる支援を行うことなどが盛り込まれました。このように環境を守るためには莫大《ばくだい》なコストがかかりますが、私はこの協定に大いに期待をしたいと思います。地球温暖化は人類の存亡にもかかわる問題であり、これ以上の問題の先送りは決して許されるものではありません。

折しも〝清流長良川の鮎〟が世界農業遺産に認定されました。この認定にあたり、自然と共生する人間の長年の営みが長良川システムと呼ばれる里川を形成したことに思いを馳《は》せ、将来にわたってこの営みを継続していくことの責任をしっかりと受け止めるべきだと思います。地球温暖化の進展で多くの動植物の絶滅が危惧されている今、決して人類だけが例外ではないと認識する必要があるのではないでしょうか！

（平成28年1月15日号掲載）

292

今年の一字「繋《つなぐ》」

市長就任以来、毎年欠かさず年の初めに当たり今年の一字を発表させていただいています。市民の皆さんに今年1年間どんな思いで岐阜市政にあたるのかについて知っていただきたく、その思いをこの一字に込めています。昨年、2015（平成27）年には「煌《きらめく》」という一字を発表し岐阜市がキラキラと輝く都市となるよう思いを込めて市政にあたりました。昨年は3月の長良川鵜飼の国重要無形民俗文化財指定に始まり、4月には〝「信長公のおもてなし」が息づく戦国城下町・岐阜〟というストーリーの日本遺産第1号認定、7月には待望の市立中央図書館を中心とした複合施設「みんなの森 ぎふメディアコスモス」の開館、さらには12月の〝清流長良川の鮎〟の世界農業遺産認定とまさに岐阜市が煌《きらめ》いた1年だったと思います。

さて今年の行政経営にあたり〝ぎふルネサンス２０１６〟(副題〝個の復権、心の原風景〟)という表題を付けました。ルネサンス運動とは14世紀頃から姉妹都市であるフィレンツェ市を中心に古代ギリシャ、ローマの文化芸術の復興や人間性の回復を目指して起こった運動で、レオナルド・ダ・ヴィンチやミケランジェロなど多くの著名な芸術家を輩出しました。岐阜市でも信長公が楽市楽座を開いた戦国時代や、戦後の繊維業界の繁栄と柳ケ瀬の賑《にぎ》わいなど、大いに輝いた時代がありました。〝ぎふルネサンス２０１６〟はこのような時代の輝きやキラメキをもう一度取り戻そうとの思いを込めたものです。

今年はわが岐阜市をもう一度輝かせるとともに、先人から引き継がれてきた郷土の歴史資産、良好な自然環境、おもてなしの心あふれる岐阜人気質など岐阜市の宝を私たちの時代にさらに磨き高め、それを未来の世代に繋《つな》いでいく年にしなければなりません。「繋」には〝つなぐ、つながる〟の他に〝きずな〟という意味もあります。市民と市民が繋がり、市民と行政が繋がり、岐阜市と周辺の自治体が繋がることが大切です。市民と行政の協働、広域行政など多角的な繋《つながり》がますます重要な1年になると考えています。

ラグビーのタイトスクラムのように皆で力を合わせ今年1年頑張ろうではありませんか。

（平成28年2月1日号掲載）

293

「人工知能（ＡＩ）の時代」の人口減少対策

いま少子化による日本の人口減少が大きな問題になっています。若年人口、特に生産年齢人口（15歳から64歳まで）と言われる高齢者を担ぐことが期待される年代の減少で、年金や医療、介護などの社会保障制度が持続可能でなくなってしまうことが懸念されているのです。労働力人口は国力にとって致命的に重要と言われますが、はたして実際にそうなのでしょうか。つまり国の力とは経済力の大きさや強さだけのことなのでしょうか。数は力なりという言葉があるように、経済的付加価値を創造する力である経済力を否定するものではありません。しかしそれ以外にも文化・芸術力、平和に貢献する力、医療や貧困について研究し貢献する力など国の力を計る力は数え上げればきりがありません。

日本の1・7倍の国土を持つフランスは、人口は6600万人と日本のほぼ半分でGDP（国内総生産）は世界第6位ですが、国際的には大きな存在感を示しています。多国間で対立する利害を調整する力、文化・芸術・人種などの多様性を受容する力などにより、必ずしも経済力がトップクラスでなくても、世界で尊敬され、認められる存在であることは可能なのではないでしょうか。

さてわが国の課題は人口減少そのものより、わが国の人口構造が当分の間いわゆる逆ピラミッド型を示すことです。その解消までは出生率が回復しても50年程度かかるとされており、その間をいかに乗り切っていくかが重要だと考えています。労働力人口の急速な減少に対しては、女性や高齢者の活力や海外労働力の活用が考えられます。またロボットなどを含む人工知能の活用も重要になってきます。最近「シンギュラリティ2045」という言葉を耳にします。30年後の2045年ごろには人知を超えた人工知能が開発され、その人工知能が幾何級数的にさらに優れた人工知能を生んでいくようになり人間のコントロールが利かなくなるかもしれないということのようです。またアメリカの高名な学者はその論文で20年以内に約半数の仕事が人工知能によって代替されるというショッキングな内容を述べています。銀行の融資業務や弁護士の業務の一部さえ人工知能にとって代わられるだろうというのです。

私たちはいま〝人間にしかできない仕事とは何か〟を真剣に考えなければならない時代を迎えています。経済的合理性は人工知能があっという間に計算し尽くす時代にあって、人間の役割、さらには人間の存在とは何かをいま一度考え直さなければならないのです。

（平成28年2月15日号掲載）

294

岐阜城最後の城主織田秀信公と「信長公450プロジェクト」

先日、和歌山県橋本市を訪問しました。昨年橋本市の平木哲朗市長さんが岐阜に来られ、橋本市生まれで岐阜にも縁の深い前畑秀子さんの生誕100年を機に、NHKの朝ドラを誘致したいので岐阜市にも協力してほしいと依頼を受けました。1936（昭和11）年ベルリンオリンピックの際〝前畑がんばれ！ 前畑がんばれ！〟とラジオのアナウンサーが23回も連呼し、200メートル平泳ぎで金メダルをとった逸話は今でも語り草になっています。オリンピックの翌年、岐阜市の兵藤《ひょうどう》医師と結婚して80歳まで岐阜市を拠点に活躍され、1991（平成3）年には岐阜市民栄誉賞を受賞されていることから本市としても橋本市の取り組みに積極的に協力していこうと思っています。

さて岐阜市とともに全国有数の富有柿生産地である橋本市にはもう一つ本市と大きな縁《えにし》があります。織田信長公の嫡孫《ちゃくそん》（直系の孫）で、岐阜城最後の城主 織田秀信公の終焉《しゅうえん》の地が橋本市の向副《むかそい》地区と言われているのです。1601年に徳川家康公によって廃城になった岐阜城はその400年の歴史の中で斎藤道三公や信長公など22人の武将が城主を務めましたが秀信公はその最後の城主となりました。

秀信公は関ヶ原の戦いで西軍側につき、前哨戦《ぜんしょうせん》である岐阜城攻防戦に敗れた後、市内神田町にある円徳寺で剃髪《ていはつ》の上、高野山に流され、その麓の向副の地で最期を遂げたと言われています。向副には位牌や墓石も残っており、私も手を合わせてきました。秀信公は高野山に向かったものの、その祖父信長公に焼き討ちや虐殺など残虐な仕打ちを受けた高野山は入山を許さず、やむを得ず麓の向副に下りたという生々しい説もあるようです。

来年2017（平成29）年に本市では信長公の岐阜入城・命名450年を記念して〝信長公450（よんごーまる）プロジェクト〟を計画しています。岐阜市の姉妹都市フィレンツェ市からミケランジェロなど巨匠たちの作品をお借りして「フィレンツェ展」（仮称）を行うほか、現在発掘調査中の信長公居館跡の再現図を含め、日本遺産にも認定された「信長公のおもてなし」が追体験できるバーチャルリアリティー映像を製作する予定です。本市は金華山や長良川などの自然資産に加え、他市ではまねのできない豊富な歴史資産にも恵まれています。皆さんに４５０年前の岐阜を存分に味わっていただこうと思っています。どうぞお楽しみに！

（平成28年3月1日号掲載）

295

5年先行く〝教育立市ぎふ〟

岐阜市では2006（平成18）年に「知識社会への転換」を打ち出して以来、一貫して「教育立市ぎふ」を標榜《ひょうぼう》してきており、一昨年、発達障がい児など、支援を必要とする子どもや若者の能力開発支援をも視野に入れた「岐阜市子ども・若者総合支援センター〝エールぎふ〟」開設後は「究極の教育立市」を謳《うた》っています。本市では〝エールぎふ〟や市立岐阜特別支援学校を通して、今や子どもの1割にも達すると見込まれる、発達障がいもしくはその可能性のある子どもたちの持てる能力を存分に開花させるべく、支援体制の一層の充実を図るため新たにハートフルティーチャーを配置し、ハートフルサポーターと連携し対応していきます。

本市では新年度からすべての小学校、中学校、特別支援学校にタブレットパソコン計4100台を導入します。このタブレットパソコンの導入は、すでに導入済みの電子黒板を活用したデジタル教科書による授業を、より分かりやすく、より楽しいものにしてくれるものと期待しています。また5月に大きく生まれ変わる岐阜市科学館では、常設展示が最新の科学技術機器へ一新されるほか、新たに設けられる100人以上収容可能なサイエンスステージでは迫力あるサイエンスショーが実演され、子ども・大人を問わず大いに自然科学への興味が深まること間違いなしです。さらに理数教育を支援するSTEM教員を増員するほか〝ぎふサイエンス・キャンプ〟を予定しており、〝ぎふっ子からノーベル賞を!〟実現すべく理数教育にも力を入れていきます。

昨年土曜授業を利用して始まった〝才能開花教育ギフティッド〟は子どもたちの評判も上々で、今後とも充実を図るほか、すべての中学校に設置するスペース〝アゴラ〟を利用して主体的、協働的、応用的能力を高めるアクティブ・ラーニング(能動的学習)を実践していきます。

さて、国では２０２０（平成32）年から小学校における英語科の導入を視野に入れる中、本市では国に先立つこと15年以上前の２００４（平成16）年度から小学校における英語科授業を開始しています。昨年度小中学生を対象に初めて実施した1週間英語漬けになるイングリッシュ・キャンプは子どもたちに大変好評で、新年度は定員を増やして継続実施をしていきます。岐阜市では今後ともあらゆる分野で一歩も二歩も国に先駆ける心意気で〝5年先行く教育〟を実践し続けていきます。

（平成28年3月15日号掲載）

296

春眠暁を覚えず　日本の春の風物詩

毎年のように桜の便りが聞かれる頃、日本中の各職場や学校では入社式や入学式が行われ、期待や不安でいっぱいの新入社員や新入生を迎え新しい年度が始まります。またこの季節には全国各地で賑《にぎ》やかに春のお祭りが行われます。厳しい冬が終わり、暖かい春風に乗って花々が色鮮やかさを競い、木々の新芽が新鮮な黄緑色の若葉をつけるさまは、人の心を躍らせずにはおきません。新入社員や新入生の心の高鳴りやお祭りの興奮をさらに増幅させてくれる絶好の季節とも言えるでしょう。しかし日本では当たり前のように感じられるこの季節の入社式や入学式はどうも日本独特のようです。

海外の企業では日本のように4月に一括採用をして入社式を行うというより、1年を通じた随時入社が多いようです。欧米では日本のように会社に入社するという意識（就社）より、その職業に就くという意識（本来の就職）が高く、企業も社員も一括採用という意識が低いためでしょうか。また学校の入学式についても、日本のように春入学というのは少数派で、欧米や中国などでは夏休み明けの秋入学が大勢のようです。日本でも明治初期の学校では秋入学だったようですが、その後官庁の会計年度が４月１日となったことをきっかけに、４月入学が広まったという説もあるようです。

このように、人は、長い間同じことを当たり前のように続けてきていると、つい他の人や地域でも同じだと思い込みがちです。しかし、人間には錯覚や錯誤がつきもののようで、〝常識のウソ〟とも言われるように世の中には疑ってかかったほうがいいことが多いのかもしれません。先日あるテレビ番組で〝同じ大きさの物が周りの状況によっては違った大きさ〟に見えたり、〝同じ色なのに周囲の色によって違った色〟に見えたりするという人の目の錯覚を映像を見せながら紹介していました。色即是空空即是色《しきそくぜくうくうそくぜしき》。私たちが見たり、感じたりしていることは所詮《しょせん》私たちの主観でしかないのかもしれません。

論語に「巧言令色鮮し仁」とあります。巧《たく》みに飾られた言葉や、愛想よくとりつくろった顔色には真実や徳が少ないということでしょうか。巧みな言葉や愛想の良さには、自分が錯覚に陥らされていないか、いま一度、冷静に見つめ直すことも必要なんだ！と思いつつ春眠をむさぼる今日このごろです。

（平成28年4月1日号掲載）

297

〝5年先を行く〟岐阜市の教育！教育もエビデンス（科学的根拠）の時代

先日、岐阜市はベネッセ教育総合研究所と包括的研究推進等に関する協定を締結しました。かねてから教育立市を標榜《ひょうぼう》し、岐阜市子ども・若者総合支援センターの設置、2004（平成16）年からの小学校における英語教育の導入、電子黒板やデジタル教科書、さらにはタブレット端末の導入といった先進的なICT教育など、常に5年先を行く教育を目指す岐阜市は、今回の協定により民間の知見を取り入れ、教育分野においてさらなる高みに挑戦することにしたのです。従来、教育はともすると主観的、経験的に語られる傾向がありましたが、最近はこれを統計データや実証的な成果（アウトカム）など科学的な根拠に基づいて客観的に論じるべきだという議論が主流になりつつあります。

ベネッセ教育総合研究所との協定締結

このような中、岐阜市としても民間のベネッセ教育総合研究所と組んでエビデンス（科学的根拠）に裏付けされた教育施策を模索することとしました。それぞれの教育施策の成果（アウトカム）、費用対効果などを客観的、科学的に分析することで、課題を発見したり、その課題解決のための対応策を講じたりする手法を習得することで、結果として当市の教育の質を一段と高めることができるものと期待しています。当面は英語分野での取り組みから始めます。岐阜市の教職員一人を1年間にわたりベネッセ教育総合研究所に派遣し、実践的な場で調査分析の経験を積み、本市の教育研究機能の向上をはかります。

また岐阜中央中学校を実践的研究校とし、2年生を対象に「読む」「聞く」「書く」「話す」の英語の四つの技能をバランスよく育てるため、英会話学校と連携した英語授業を行うとともに、年度当初と年度末に4技能に対応した評価テストを実施することでその成果の進捗《しんちょく》状況を把握する予定です。欧米では政府、大学、民間研究機関などの研究者が協働して社会実験を実施したり、データの収集・分析を行ったりすることで教育の成果（アウトカム）を客観的に評価するとともに、それらのデータをオープン（公開）にして教育政策について幅広い議論や検証が行われています。日本にもそんな時代が来ることは決して遠い将来ではないでしょう。5年先を行く岐阜市の教育がその端緒となれば幸せです。

（平成28年4月15日号掲載）

298

「楠堂《なんどう》」と「みんなの森 ぎふメディアコスモス」

昨年7月18日に開館した「みんなの森 ぎふメディアコスモス」（メディコス）はおかげさまで市民の皆さんに大いに利用いただき、4月10日には来館者90万人を達成、当初の目標であった年間来館者100万人は5月連休後半にも達成できそうな勢いです。従来の常識を打ち破り、楽しさあふれる読書環境を提供しようと考えましたが、幼児連れの親子に加え、学生や高齢者の人たちで連日賑《にぎ》わう様子を見るにつけ、皆さんに喜んでいただき本当に幸せに感じます。図書館といえば一般的にはシーンと静まりかえり、咳《せき》をするのもはばかられる雰囲気があるものですが、メディコスは伊東豊雄氏の設計によるハード面のさまざまな素晴らしい工夫に加え、館内ではできるだけ利用者の自主性にお任せするというソフト面での工夫もあり、図書館につきものの堅苦しいイメージとは無縁の施設であることが多くの市民に愛される理由だと自負しています。

昨年9月の下村博文前文部科学大臣、今年3月の馳浩文部科学大臣と両大臣の立て続けの視察はこの素晴らしい施設がいかに全国的に注目を集めているのかを物語っています。〝図書館機能〟だけではなく、自治会、ボランティア、NPOなどの〝市民活動交流機能〟、さらには「みんなのギャラリー」や「みんなのホール」による〝文化活動機能〟などをあわせ持った「複合性」、太陽光や地下水の地熱利用による人にやさしい室温、グローブを通って届く柔らかな自然光、心を癒やす県産ヒノキの香りなど、徹底的に環境に配慮した「親環境性」、利用者のことを第一に考えた「親人間性」などもろもろの要素が化学反応して皆さんの心に訴えかける施設になったのだと思います。

さて先日、旧市立図書館の南側の道路に「楠堂《なんどう》」メモリアルマンホールが設置されました。旧市立図書館ができる以前には、この場所に「楠堂」と呼ばれる書生薫陶《くんとう》道場がありました。「楠堂」とは明治時代に苦学生が勉学にいそしむ場所として矢橋亮吉《やばしりょうきち》氏が私財を投じて設立したものです。その敷地に〝楠《くすのき》〟があったことから「楠堂」と呼ばれました。岐阜版の松下村塾のようなものでしょうか。戦災を免れた蔵書の寄贈を受け、1958（昭和33）年に開館したのが旧市立図書館です。昨年、旧市立図書館はメディコス内に移転されましたが、〝楠堂魂〟は「楠堂文庫」として新たな市立中央図書館にも脈々と引き継がれています。この〝楠〟は戦火にも耐え160年たった今も岐阜市の保存樹として高くそびえ立っています。一度ご覧になっていただき「教育立市ぎふ」の原点を感じていただきたいものです。

（平成28年5月1日号掲載）

299

脱皮する〝長良川鵜飼〟

今年も5月11日に恒例の長良川鵜飼が開幕しました。今年の予約状況も順調なようです。さて、いまだかつてないほどさまざまな形態の娯楽が氾濫している現代にあって、1300年以上変わらぬ古式豊かな伝統漁法がいまだに年間10万人を超える人々に観覧していただけていることは、ある意味で驚異的なことだと思います。東京ディズニーランドやユニバーサル・スタジオ・ジャパンなどの大型娯楽施設は毎年のように大規模な遊戯施設の更新によって集客を図っている中で、長良川鵜飼は1300年間まったく同じことを繰り返しているわけです。それでも人々に注目され続けるのは伝統文化の持つ魅力なのでしょう。この歴史ある伝統を私たちの時代に絶やすことは決して許されないことです。自然と融合した幽玄な漆黒の世界で繰り広げられる川遊びの魅力をさらに発信していかねばなりません。

昨年4月に「『信長公のおもてなし』が息づく戦国城下町・岐阜」というストーリーが日本遺産第1号に認定されました。室町時代の紀行文に時の将軍足利義教《あしかがよしのり》が長良川で鵜飼を観覧したとの記述がみられますが、長良川鵜飼を〝おもてなし〟の手法として取り入れたのは織田信長公が最初だったようです。江戸時代初期の軍学書『甲陽軍鑑《こうようぐんかん》』には信長公が鵜飼で客人をもてなしたという興味深い記述があります。信長公の嫡男・信忠と武田信玄公の娘・松姫の婚約にあたり、信玄公の使者がお祝いの贈り物を届けるため岐阜を訪れた際に、信長公は能を見せた後、鵜飼で〝もてなした〟というものです。また鵜飼観覧後、信長公は信玄公への土産の鮎を自ら選んだとも記されており、信長公のおもてなしの心を偲《しの》ばせる逸話です。

さて現在、長良や小瀬を含めて日本全国では12カ所で鵜飼が行われています。今では、長良には6人、小瀬には3人の鵜匠さんがいますが、江戸時代には長良と小瀬あわせて20人を超えたこともあったようです。この鵜飼の歴史的背景については確かなことはわかっていませんが、中国では2700年以上前の秦の時代にはすでに鵜飼漁が行われていたようです。現在でもなんと119カ所で鵜飼が行われているそうで、日本の鵜飼漁は中国から伝来したのかもしれませんね。私も10年以上前に中国の鵜飼を観覧したことがありますが、日本とは違い、昼間の漁であること、日本のようにウミウではなくカワウが利用されること、首にタナワ（手縄）という縄をつけない放ち鵜飼であったことが印象的でした。今後、中国鵜飼とともに、ユネスコの無形文化遺産登録への挑戦を目指すこともありかな？ とも思ったりします。

（平成28年5月15日号掲載）

300

涓滴《けんてき》岩を穿《うが》つ

2003（平成15）年7月1日号の〝広報ぎふ〟から始めたこの「市長の元気宅配便」も回を重ね、今回で第300号となりました。かねてから〝事前の一策は事後の百策に勝る〟とともに〝継続は力なり〟を座右の銘として市政経営にあたってきました。この間、積小為大《せきしょういだい》という二宮金次郎（尊徳）翁の言葉にもあるように、一度に大きなことを目指すのではなく、コツコツと小さな努力を積み重ねることで、はじめて大きな事業が成し遂げられるのだと実感させられてきました。1滴1滴の水のシズクは、やがて固い岩をも穿《うが》つと言います。愚直なまでの継続は、小さな努力を大きな成果に繋《つな》げてくれます。市民の皆さんに小さくともいいから元気をお届けしたいと始め、今回で300号を数えることになった「市長の元気宅配便」が市民の皆さんのお心に少しでも響いたのであれば幸せこの上もありません。

さて4月の熊本地震から1カ月半が過ぎました。犠牲になられた方々に心からお悔やみ申し上げます。また、いまだに余震に悩まされ避難生活を余儀なくされておられる多くの方々に心から声援をお送りするとともに、本市としてもできるかぎりのご支援をしていきたいと思っております。南海トラフ巨大地震の発生が懸念される私たちの地域にとって、5年前の東日本大震災や今回の熊本地震は決して対岸の火事ではありません。現在実施設計中の市役所新庁舎をはじめとする公共施設はもとより市民の皆さんの生命・財産を守るため、本市の防災への備えには万全を期していきます。公助、共助、自助と言いますが阪神・淡路大震災の例でも分かるようにイザという時はやはり共助が大きな力を発揮します。日頃からの地域防災訓練への参加や隣近所とのお付き合い、情報交換に努めていただきたいと思います。

また緊急用の食糧、水などの備蓄品を用意することや、家具の転倒防止器具の設置、避難経路の確認など日頃からの自分自身による自助も大変重要です。まさに事前の一策しまいます。地震が来てしまった後にあれをしておけば良かったと悔やんでも遅きに失してしまいます。自分の周りを見渡して独居の高齢者や身体が不自由な方がおられないかを確認しておくことも忘れないでください。人とは他人との間で元気をもらったり、元気をあげたりしてお互いが支え合う存在です。日本一心優しい岐阜のまちを目指したいものです。

（平成28年6月1日号掲載）

301

ぎふっ子から〝ノーベル賞〟を！

教育立市を標榜《ひょうぼう》する岐阜市では、国際化時代の「英語教育」、情報化時代の「ＩＣＴ教育」、支援を必要とする子どもたちの能力開花のための「岐阜市子ども・若者総合支援センター設置」など多岐にわたる教育施策を展開してきました。中でも日本のお家芸とも言える科学・技術立国を支える「理数教育」の充実にも大いに心を砕いてきました。たとえば本市ではＳＴＥＭ教員（科学、技術、工学、数学に特化した先生）27人を市内の全小学校に巡回派遣し、実験などを通して楽しみながら、子どもたちが理数系の勉強に興味を持ってくれるよう工夫をしています。

こんな中、去る5月1日に岐阜市科学館がリニューアル・オープンしました。新装なっ

リニューアルした岐阜市科学館

た岐阜市科学館に入るとまず目に入るのがエントランスホールの天井を突き抜けんばかりにそびえる純国産ロケットH-2Aの10分の1の模型です。今回の改装では90点ほどある常設展示の約6割が更新されるとともに、宇宙シアター「スペースアイ」（宇宙の目玉）など参加体験型の展示が新たに加えられました。今回の展示の目玉とも言えるこの「スペースアイ」を使って、本物さながらの宇宙旅行気分が味わえる映像ショーが繰り広げられます。岐阜市科学館から飛び立つロケットに乗って宇宙に飛び出し、ロケットの中から地球や太陽系、そして銀河を眺める体験が味わえます。スーパー理科室では定員100人のサイエンスステージが設置され、学校では経験できない大型空気砲や液体窒素実験など大規模な科学実験ショーが見られます。また世界に誇る岐阜の科学技術力を展示するため岐阜大学や地元の企業などにも協力していただいています。岐阜市科学館はもともと1955（昭和30）年に開館した岐阜市児童科学館にさかのぼり、もう還暦を迎えました。

今年の夏には初めて〝ぎふサイエンス・キャンプ〟を行います。このキャンプに50人を募集したところ実に7倍を超える373人の応募がありました。これだけ多くの子どもたちが科学に興味を持ってくれているとはまさにうれしい悲鳴です。来年からは増員も検討する必要があるでしょう。ぎふっ子から〝ノーベル賞〟もまんざら夢物語ではなさそうです！

（平成28年6月15日号掲載）

302

日本遺産サミット in 観光立市・岐阜

「……信長は、この地を岐阜と名付けるとともに『天下布武』を掲げ、天下取りの夢に邁進《まいしん》する。……彼は冷徹非道《れいてつひどう》、戦上手《いくさ》、改革者、破壊者等のイメージで語られることが多いが、……その城下で行ったのは戦いではなく、意外にも手厚いおもてなしであった。……力で征服するだけでなく、文化の力で公家、商人、有力大名等の有力者をもてなすことで、仲間を増やしていったのである」これは昨年から始まった「日本遺産」認定に向け〝「信長公のおもてなし」が息づく戦国城下町・岐阜〟を申請した時の申請書の抜粋です。

強面《こわもて》の改革者のイメージが強い信長公ですが、実は山麓の館や長良川鵜飼など地域資源を大いに活用し、京都の公家や茶人、戦国武将の使者、宣教師たちをもてなすなど文

日本遺産サミット in 岐阜

化人としての一面もあることを強調したこのストーリーは見事に日本遺産第1号として認定されました。昨年は岐阜市を含む18カ所が第1号認定され、東京で認定書の交付式が開催されました。今年も4月に19カ所が新たに認定されましたが、その認定書交付式が7月1日午後に岐阜市の長良川国際会議場で開催されることとなり、日本遺産認定都市の市長さんなどの代表者に加え、馳文部科学大臣もご出席の予定となっています。

認定書交付式のあと、昨年の第1号認定の18団体と、今年の19団体、計37団体が一堂に会して日本遺産サミットin岐阜を同時開催することとしました。サミットでは文化庁長官、観光庁次長なども交え「日本の魅力再発見！」と題した座談会も予定されており、日本遺産第1号の認定地として岐阜市の都市ブランドを国の内外に向けて大いに発信しようと思っています。興味のある方はぜひこのサミットに参加してみてはいかがでしょうか。

訪日外国人旅行者数は２０２０（平成32）年を待たずして２０１５（平成27）年度にすでに目標の2千万人を達成しました。今後日本の産業構造は加速度的に第3次産業型に移行していき、ＩＣＴ産業、教育産業などに加え飲食や旅行など観光産業の比重も大きくなっていきます。サービス産業を重要な柱の一つと位置付ける本市としても、昨年の「日本遺産・第1号認定」や信長公入城・岐阜命名４５０年にあたる来年予定される「信長公４５０プロジェクト」を弾みとして「観光立市・岐阜」を大いに盛り上げていきたいと思います。

（平成28年7月1日号掲載）

303

「みんなの森 ぎふメディアコスモス」大盛況、これを楽しむ者に勝る者なし

連日大きな賑《にぎ》わいを見せている「みんなの森 ぎふメディアコスモス」（通称メディコス）は7月18日に開館1周年を迎えます。7月4日現在の来館者は118万人を超えており、1年間の来館者数は120万人を上回りそうです。年間100万人程度の人が来てくれれば良いねと遠慮気味に語っていた1年前が懐かしく思い出されます。私の友人には、週1回は必ずメディコスに通っているという人もいます。何が多くの人たちの足をメディコスに向かわせるのでしょうか？ 来館者にはそれぞれに違った来館理由があるのでしょう。

前にも申し上げたことがありますが、1階にある市民参加型の文化施設や交流施設と

みんなの森 ぎふメディアコスモス1周年記念イベント

2階の図書館の複合性、ほのかに漂うヒノキの香りや、グローブを通した柔らかな陽光、暑すぎず、寒すぎない、地下熱を利用した人にやさしい室温管理などの親環境性や親人間性、世界的建築家・伊東豊雄さんのデザイン性など、いろいろな理由があると思います。でも皆さんの足がついメディコスに向いてしまうのはなんといってもその空間にいることが楽しいからではないでしょうか？ 新しい書物や知識との出会いの興奮、ひたすら勉強や研究に打ち込む周囲の人たちから受ける知的な刺激。小さなお子さん連れの親子が醸し出す親子の絆などの人間味あふれるシーン（場面）。どれもここでしか味わえない楽しさなのです。

論語にこんな一節があります。「これを知る者はこれを好む者に如かず。これを好む者はこれを楽しむ者に如かず」。何事においても、それを楽しんでいる人には何人《なんぴと》たりともかなわないということです。人生も、勉強も、仕事もまずは楽しくなくてはいけません。何事も嫌々では決して長続きはしません。この空間にいることが楽しいからこそ、人々はメディコスに集い、人と人との交流を楽しみ、文化に触れ、そして受験勉強、期末試験、就職試験、生涯学習、老後の余暇などそれぞれの目的のため机に向かっているのでしょう。「ディズニーランドも楽しいけど、メディコスも楽しい！」そう言っていただけるような施設になるようメディコスをさらに進化させていきます。

（平成28年7月15日号掲載）

304

「リオデジャネイロ・オリンピック・パラリンピック」開催に思うこと

第31回オリンピック競技大会がいよいよブラジルのリオデジャネイロ（リオ）で8月5日に開幕します。今年は1896（明治29）年にギリシャのアテネで第1回オリンピック大会が開催されてから120年目の年にあたります。5大陸をあらわす五つの輪が重なるように表現されたオリンピックのシンボル、いわゆる五輪マークは平和の象徴とされます。しかし歴代のオリンピックはさまざまな国際情勢に翻弄《ほんろう》されてきたのも事実です。今回のリオ・オリンピックもブラジルの大統領不在と国内景気不安、ジカ熱などの衛生問題、英国のEU離脱による世界経済への影響懸念、世界各地における相次ぐテロの恐怖など、さまざまな課題が山積する中で開催されることとなります。

フランスのクーベルタン男爵の提唱で、古代オリンピックの開催地・オリンピアの地名を冠して120年前に復活した近代オリンピックは、さまざまな紆余曲折《うよきょくせつ》を経てきました。世界平和の実現、人権尊重、差別撲滅など高邁《こうまい》な理念を標榜《ひょうぼう》するオリンピックであるにもかかわらず、ミュンヘン大会におけるテロの発生、冷戦期にはモスクワ大会やロサンゼルス大会での大規模なボイコット、またオリンピックの商業主義化懸念などそれぞれの時代の世相を反映してきたのも事実です。

各大会の目玉とも言える開会式では開催国の歴史的、文化的アピールやその時代背景を反映した大会理念が表現されています。4年後の2020（平成32）年、わが国で2回目の開催となる東京オリンピック・パラリンピック夏季大会では、混沌《こんとん》とした最近の世界情勢を受けた世界平和への強いメッセージ、地球温暖化にみられる人類の生活環境への致命的影響に対する環境対策の重要性、グローバル化した世界における差別の払拭《ふっしょく》の必要性などがアピールされることでしょう。

リオでのオリンピック・パラリンピックには日本代表として岐阜市からも多くの選手

が出場します。競泳の今井月《いまいるな》選手、金藤理絵《かねとうりえ》選手、小長谷研二《こばせけんじ》選手、女子ホッケーの中島史恵《なかしまみえ》選手、新体操の松原梨恵《まつばらりえ》選手。地球の裏側リオデジャネイロで開催されるオリンピック・パラリンピック。暑い中ですが、睡眠不足に気をつけながら市民挙《こぞ》って大いに応援しようではありませんか！

（平成28年8月1日号掲載）

305

姉妹都市サンダーベイ市、シンシナティ市にかける平和の思い

7月19日から26日までの1週間をかけてカナダのサンダーベイ市、アメリカ合衆国のシンシナティ市を訪問しました。サンダーベイ市とは姉妹都市提携から来年で10周年となり、シンシナティ市とは再来年で30周年となります。世界のグローバル化が進む中、1国だけでは生きていくことはできず、経済問題にとどまらず食糧問題、平和と安全の問題、地球温暖化などの環境問題への対処、産業技術や医療技術などの世界の英知の活用など、現代の私たちは世界とのかかわりの中でしか生きていけない時代に置かれています。

このように複雑化、多様化した時代にあって、国と国の問題は政府間の協議に任せて

サンダーベイ市　「平和の鐘」

おけばいいというわけにはいかず、今まで以上に民間レベル、自治体レベルのいわゆる草の根外交が必要とされます。国際平和を願う思いは世界共通とはいうものの、国益同士がぶつかり合う国際政治の世界では、一触即発の事態も決してないわけではありません。一方で、日頃から時間をかけ、それぞれの国の文化や伝統を通じてじっくりと築き上げてきた民間外交、自治体間外交による草の根レベルの友好関係は強靭《きょうじん》であり、国と国の関係が危機に瀕《ひん》した時に大いに力を発揮してくれるものと思います。

岐阜市は今回訪問した2都市を含む世界6都市と友好姉妹都市提携をしています。毎年、これらの姉妹都市では、岐阜空襲があった7月9

シンシナティ市　「平和の鐘」

日に合わせ平和の鐘を鳴らしていただいていますが、今年に限っては、私たちの訪問に合わせ、サンダーベイ市は7月21日、シンシナティ市では7月24日に平和の鐘の式典を催していただきました。いずれの都市においても、〝平和の誓い〟を行い世界の恒久平和実現のため努力することを高らかに宣言しました。このほか、サンダーベイ市ではNPO法人「和の未来」の皆さんによる着物ショーの開催や、地元の人たちによる和太鼓の演奏などを通じ、サンダーベイ市長はじめ地元の人たちと大いに友好を深めることができました。

（平成28年8月15日号掲載）

306

スポーツの秋、スポーツの力

今年は例年通りの〝暑い夏〟に加え、〝眠～い夏〟になった皆さんも多かったのではないでしょうか？ オリンピック・パラリンピックの開催地ブラジル・リオデジャネイロは地球の裏側にあたり、時差が12時間のため、昼と夜が逆転し、睡魔と闘いながらのテレビ観戦となった人も多かったと思います。特に今回は4年後に東京オリンピック・パラリンピックを控えていることもあり、日本選手の大活躍が大いに印象づけられた大会で、いっときも目を離すことができなかったのではないでしょうか。

開催前には、ドーピング問題による混乱、テロなどの治安上の問題、ジカ熱を懸念した一部選手の出場辞退騒ぎなどさまざまな不安も報道されていましたが、結果として特

金藤選手に市民栄誉賞授与

に大きな事件・事故もなく、無事にリオ・オリンピックが閉幕したことはうれしい限りです。これから開催されるリオ・パラリンピックも同様に無事に終わることを祈っています。この大会で日本選手団が獲得した金メダルの数は12個で、日本オリンピック委員会が設定した目標14個にはわずかに届きませんでしたが、金・銀・銅を合わせた合計獲得メダル数は目標の30個をはるかに上回り、史上最多の41個となったのはうれしい限りです。4年後の東京大会への期待が大いに膨らんだのは、私だけではないと思います。

岐阜市ゆかりの選手たちの活躍にも目を見張るものがありました。特に競泳では岐阜市在住の金藤理絵《かねとうりえ》選手が女子200メートル平泳ぎで金メダルを獲得したことは驚きを超え、まさに感動の物語でした。北京オリンピックでは7位であったものの、その4年後のロンドンオリンピックには怪我《けが》で出場できず、引退の二文字が頭をよぎったそうです。そんな中、コーチの励ましと、自身による壮絶とも言えるほどの猛練習によって今回の結果を出したことは、多くの人々に大きな感動とともに、何事も諦めなければできるのだという励ましや勇気を与えてくれました。

このようにスポーツは人を感動させ、励まし、勇気や希望を与えてくれる偉大な力を持っています。スポーツは人間が本来持っている闘争心を平和な形で昇華してくれる力を持っています。また自分自身の体力や、置かれた環境に合ったスポーツは心も体も元気にリフレッシュし健康寿命を長らえる力を持っています。皆さん、スポーツの秋にこのスポーツの持つさまざまな力を大いに満喫してみてはいかがですか。

(平成28年9月1日号掲載)

307

クールジャパンとサブカルチャー

去る8月21日に終わったリオデジャネイロ・オリンピックの閉会式で、2020（平成32）年東京オリンピック紹介にあたり、赤い帽子と服というマリオの衣装で現れた安倍首相に驚かれた方も多かったと思います。「スーパーマリオブラザーズ」というファミコンゲームの主人公マリオに扮《ふん》した安倍首相が日本からトンネルを通って地球の裏側のブラジルに現れたという設定で、会場の土管から現れたのは日本の持つソフトパワーを世界に示したかったからだと首相自ら語っています。かつては日本といえば富士山と芸者という時代もありました。今では日本の文化や伝統が大いに世界に知れ渡るところとなり、京都や奈良など古都の寺社仏閣、相撲や歌舞伎などの伝統芸能、最近無形文化遺産になった日本食、自然と調和した熊野古道などなど日本の魅力を数え上げればばきりがないほどです。これらの魅力に加え、日本の治安の良さや、家電製品などの品質の良さも相まって、訪日外国人旅行者の数は年々増加の一途をたどっています。

このような中、マンガやアニメ、ゲーム、コスプレなどいわゆるサブカルチャーと言われる日本の最近の文化にも世界は注目しています。安倍首相がマリオに扮したのもその流れとみることができるでしょう。フェイスブックなどのSNS（ソーシャル・ネットワーキング・サービス）が急速に普及してきている現代社会にあって、サブカルチャーなどクールジャパン（日本のカッコよさや素晴らしさ）は着実に世界に広がりを見せています。観光庁の調査によれば訪日外国人観光客の13・3％が出発前の旅行情報源で役に立ったものとしてSNSと回答しています。また外国人旅行者に訪日前に期待していたことを尋ねたところ、4・4％が映画やアニメにゆかりのある場所への訪問と答えています。

世界遺産以外の日本の魅力を発信するため、政府は昨年から日本遺産の制度を始めました。昨年は岐阜市を含む18カ所が、また今年は新たに19カ所が日本遺産認定を受けました。来年は信長公岐阜入城・岐阜命名450年の年です。この機会をとらえ岐阜市を大いに発信するため、「信長公450プロジェクトと銘打って1年を通じて「フィレンツェ展」（仮称）を含むさまざまなイベントを計画しています。最近『ルドルフとイッパイアッテナ』という映画が公開されました。岐阜市で生まれ東京に移った猫が主人公で、随所に岐阜の光景が登場する感動の名作です。岐阜市では先日、岐阜市の知名度向上への貢献をたたえてルドルフ君に特別住民票を発行しました。今後も、ポケモンGOやゆるキャラの活用も含めサブカルチャーなどのあらゆる手段を活用し、もっともっと〝グールギフ〟を発信していきます。

（平成28年9月15日号掲載）

308

ふるさと愛いっぱい〝ぎふ信長まつり2016〟

かつては岐阜といえば、映画館や食堂がひしめき合う柳ケ瀬、長良川の鵜飼、金華山にそびえる岐阜城というのが定番でした。最近ではこれらに加え、黄金の信長公像が輝く岐阜駅前広場や岐阜シティ・タワー43などの高層ビル群で近代的な装いに生まれ変わった岐阜駅周辺、岐阜市出身の古典落語の祖・安楽庵策伝《あんらくあんさくでん》和尚にちなみ、10年以上たった今も全国から多くの学生が参加する全日本学生落語選手権「策伝大賞」の開催、真っ赤な連節バスに代表されるBRT（バス・ラピッド・トランジット）や各地域をくまなく網羅するコミュニティバスで構築される公共交通システム、知・絆・文化の拠点みんなの森 ぎふメディアコスモスや、岐阜市子ども・若者総合支援センター〝エールぎふ〟など、ソフト・ハード両面で多くの新たな付加価値をつけてきた岐阜市には他の自治体

ぎふ信長まつり

や観光客も注目をしており、行政視察や観光のため多くの人々が岐阜市を訪れるようになりました。

この他にも、日本書紀の記述から岐阜は製薬業発祥の地と言われており、現在発掘調査中の信長公居館跡のある麓を含む「金華山一帯」は、岐阜城跡として国史跡指定されています。「長良川の鵜飼漁の技術」の国重要無形民俗文化財指定、「『信長公のおもてなし』が息づく戦国城下町・岐阜」の日本遺産第1号認定、「清流長良川の鮎」の世界農業遺産認定、先生や保護者だけではなく地域や企業、大学関係者なども参加するコミュニティ・スクールの市立全小学校、中学校および特別支援学校への導入、２００４（平成

16）年度からの小学校への英語教育の導入などなど、岐阜の売りは数えきれないほどです。

このような岐阜市にとって、長良川鵜飼とともに忘れてはならない最も重要な地域資源はなんといっても「織田信長公」です。信長公が１５６７年から足かけ10年間当地に居を構え、楽市楽座、兵農分離などの改革を進めながら天下平定を目指した事実に加え、「岐阜」の名付け親であることは、ほかの都市には決してまねのできない本市固有の地域資源です。来年２０１７（平成29）年はその信長公岐阜入城・岐阜命名４５０年の記念すべき年です。レオナルド・ダ・ヴィンチやミケランジェロなどの作品を含む「フィレンツェ展」（仮称）をはじめ、来年は1年を通してさまざまなイベントを計画しています。そのプレ・イヤーにあたる今年は、第9回信長学フォーラムの東京での開催、第60回にあたるぎふ信長まつりでは、ミッキーマウスやミニーマウスなどのディズニーキャラクターの参加なども予定されており、信長公騎馬武者行列などとともにまつりを盛り上げてくれることでしょう。

故郷岐阜市を元気にするためにはまず自分のまちの魅力を知りそれに誇りを持つこと

です。「ぎふ信長まつり」などをきっかけに故郷岐阜市の魅力を発見する旅に出ようではありませんか！

（平成28年10月1日号掲載）

309

〝行政相談委員〟って聞いたことありますか?

10月17日から23日までの1週間は「行政相談週間」です。行政相談とは国の行政活動全般に対する苦情、意見、要望、問い合わせなどに対応するために設けられた、全国どこでも受け付けてもらえる制度です。たとえば自分の近くを流れる川の改修工事をしてほしいとか、トンネルの中でもラジオが聴けるようにしてほしい、駅のホームの階段が暗いので照明を設置してほしいなど、ほんのちょっとした身近な相談にも対応してもらえる大変便利な制度です。この行政相談制度をもっと多くの人に知ってもらおうと、「行政相談週間」には法務局、労働局、警察などが一緒に相談を受け付ける〝1日合同行政相談所〟が設けられます。

これらの行政相談の受付・処理にあたるため、1966（昭和41）年に行政相談委員法が制定され、総務大臣が民間の有識者から行政相談委員を委嘱することとされています。社会的信望があり、かつ行政運営の改善について理解と熱意のある民間人の中から、全国で約5千人の行政相談委員が委嘱されており、岐阜県内には119人、岐阜市内には7人の行政相談委員がおられます。国の行政活動全般に対する行政相談は電話やインターネット、手紙、ファクスなどで行うことができます。〝行政苦情110番〟0570-090110は全国共通の電話番号で、自動的に最寄りの行政評価事務所につながるシステムになっています。

行政相談委員は法律に基づき、総務大臣に直接意見を述べることができるため、まさに国民と国のパイプ役ということもできます。ところで、何が国の行政活動で、何が県や市町村の行政活動かがはっきりわからないことも多いようで、昨年度ベースでみると行政相談委員に対する相談のうち約25％が国の行政事務に対するもの、約47％は県や市町村など地方公共団体に対するものだったようです。郵便ポストの投函口《とうかん》が小さすぎて大きな書類が投函できないといったご意見に対し、投函口がA4サイズの郵便物まで投函できるよう改善された事例とか、橋にスロープを付けて車椅子使用者でも利用可能に改善された事例など、皆さんからの行政相談によりさまざまな分野で多くの改善が図られてきました。

皆さんも、行政活動の改善に対する関心を高め、誰もが安心して暮らせ、老若男女を問わず誰にも優しい町をつくるために、一役も二役も買われてはいかがでしょうか。

（平成28年10月15日号掲載）

310

異変あり〝天高く馬肥ゆる日本の秋〟

地球温暖化の影響は、知らぬ間に私たちの日々の生活に忍び寄って来ています。華麗に桜が咲き誇る春に始まり、蝉《せみ》しぐれを聞きながらスイカを食べている矢先の突然の夕立という印象の夏、どこまでも澄み渡った晴天下に繰り広げられるスポーツや、おいしい柿や栗などに代表される豊饒《ほうじょう》の秋、雪景色の中こたつで背中も丸くなる冬。こんな、世界に誇る日本の四季も最近はちょっと変調をきたしてきているようです。10月の真夏日、12月や1月の紅葉。ひと昔前にはこんな光景を誰が想像したでしょうか。特に日本を代表する季節でもある春や秋が短くなり、日本情緒が少しずつ失われてきているのではないでしょうか。いよいよ地球温暖化防止のためのパリ協定が発効しますが、この気候変動をもっと深刻にとらえ、世界をあげて真剣に対応することが必要です。

BRT トランジットモール交通社会実験

さて「岐阜市信長公４５０プロジェクト」を来年に控え、今年の秋もいろいろな行事が開催されています。今年の第60回信長まつりは、ディズニーキャラクターのパレード参加で大いに盛り上がりました。また、岐阜市観光大使に委嘱した岐阜市出身でＡｑｕａ Ｔｉｍｅｚ（アクアタイムズ）ボーカルの太志《ふとし》さんが岐阜市活性化のため立ち上げた「まだ、はじまったばかりプロジェクト」のプロジェクトソングお披露目公演も、全国から集まった熱狂的なファンで大盛況でした。昨年の長良川鵜飼の国重要無形民俗文化財指定や、「『信長公のおもてなし』が息づく戦国城下町・岐阜」の日本遺産第1号認定などにより今年の長良川鵜飼も順調で、観覧船乗船客数ももう少しで11万人に手が届くところまで頑張ってくれました。

11月6日（日）にはＪＲ岐阜駅から「みんなの森 ぎふメディアコスモス」にかけて「岐阜市農業まつり」「ぎふ市民健康まつり」「スマートウエルネスぎふ健幸ウォーク２０１６」「さんぽde野外ライブtoスペシャルライブ」が予定されており、実りの秋、スポーツの秋、芸術の秋を大いに満喫することができます。また11月19日(土)、20日(日)には神田町通りの若宮町と金宝町の間の約５００メートルの区間でＢＲＴ（連節バスなどによる次世代型のバスシステム）を使ったトランジットモールの交通社会実験も行われます。この2日間はバスと歩行者以外は通行できず、いろいろなお店やイベントで賑《にぎ》わう歩行者天国になります。街の活性化と市民の皆さんの健康増進のため、バスを利用してぜひ参加されてはいかがでしょうか。

（平成28年11月1日号掲載）

311

「安心の見える化」平成29年度岐阜市重点政策の基本方針

岐阜市は来年度に向けて、何を課題と捉え、それに対しどんな対応策をとっていくかについて、重点政策の基本方針としてとりまとめ、先日発表しました。市民の皆さんも新年早々〝1年の計は元旦にあり〟ということで1年間の計画や志を立て、心新たに新年を迎えられることと思います。岐阜市としても、今年はどんな年だったのかと1年を振り返り、積み残した課題はなかったか、世の中の変化にともなって新たに取り組んでいくべきことはなかったかなどを検証した上で新たな目標や計画を作るため、毎年10月に翌年度の「重点政策の基本方針」を発表しています。

今年も岐阜市では教育立市を最重点政策とし、教育を中心とした子育て環境で選ばれるまち岐阜を目指してさまざまな施策を展開してきました。少子・高齢化が叫ばれる時代にあって、高齢者が福祉サービスや災害対策において安心して住める街であるとともに、保育や教育の充実などで安心して子育てができる環境を整備することが大切になってきています。岐阜市では〝究極の教育立市〟を掲げ、子どもの学力向上はもとより、支援が必要な子どもたちの持つ潜在的な能力をもいっぱいに開花させることを目指して市政運営にあたっています。

毎日、テレビを見ても新聞を読んでも周りは不確定・不安定・不安な事ばかりです。年金頼りの自分の老後は大丈夫か？　医療費や介護費は？　また、女性活躍が期待される時代にあって共働きが増える中、結婚して子どもが欲しくても、教育費や保育施設の心配からつい躊躇《ちゅうちょ》することも増えてきているようです。このような中、岐阜市では長年にわたって保育施設の待機児童ゼロを続けるとともに、未来の宝である子どもたちの能力を最大限に引き出すための教育環境整備を行ってきました。

岐阜市立の小学校、中学校、特別支援学校、市立岐阜商業高校の耐震補強を完了するとともに、すべての教室にエアコンを導入し快適で安心して勉強に励むことができる環境を整備しました。英語教育、ＩＣＴ教育、理数教育、才能開花教育など各種先進的な取り組みを行うとともに、生涯学習社会の充実を保証する知・絆・文化の拠点となる究極の図書館〝みんなの森 ぎふメディアコスモス〟の整備などで教育立市の充実を図ってきました。来年度はこれら既存事業により提供されている〝安心の見える化〟を進めるとともに、さらなる政策の高度化を目指していきます。

（平成28年11月15日号掲載）

312

いよいよ本番「岐阜市信長公450プロジェクト」

1カ月後に迫った来年1月、いよいよ待望の「信長公450プロジェクト」が始まり、1年間にわたってさまざまなイベントが予定されています。来年2017（平成29）年は、織田信長公が井口《いのくち》と呼ばれていた当地に入城し、「岐阜」と命名して450年目にあたります。信長公が、足かけ10年にわたり岐阜を拠点に天下統一の夢を追いかけた歴史的事実は、他の都市では決してまねのできない本市固有の貴重な歴史資産です。「信長公450プロジェクト」は、信長公が居城を構え天下布武《てんかふぶ》の旗印の下、天下統一を夢見た岐阜市の名を全国にアピールする絶好の機会であり、交流人口、定住人口の増大にも大きな効果が期待できます。

信長公ギャラリー

昨年、信長公ゆかりの宣教師ルイス・フロイスの故郷・ポルトガルのリスボン、岐阜市の姉妹都市・イタリアのフィレンツェを訪問し、信長公450プロジェクトへの協力をお願いしてきたところ、おおむね、岐阜市の期待に沿った形で協力をいただけることになりました。来年秋にはフィレンツェなどからミケランジェロやレオナルド・ダ・ヴィンチという世界的に有名な芸術家の作品が岐阜市歴史博物館で展示されることとなり、目玉作品としてミケランジェロ作の「十字架を持つキリスト像」という彫像も日本で初公開されます。リスボンからは宣教師フランシスコ・ザビエル直筆の書簡やルイス・フロイスの歴史書『日本史』のもとになった書簡の写本、南蛮屏風《びょうぶ》の複製なども展示される予定です。また、ザビエル像とフロイス像の３Ｄ複製の制作も予定されています。

現在岐阜公園で発掘調査中の信長公居館のコンピューターグラフィックスを駆使したバーチャルリアリティー再現映像の上映も、大人気を博すものと期待しています。他にも大相撲夏巡業「岐阜信長場所」、信長公が好んだ囲碁の「本因坊戦」や将棋の「名人戦」の開催も計画されています。「ぎふ信長まつり」や「信長学フォーラム」も「信長公４５０プロジェクト」に合わせ工夫を凝らす予定です。民間団体などが主催する協賛事業も多く予定され、また、多くの企業協賛金もいただいており、感謝申し上げます。官民一体となって本プロジェクトが大成功裏に開催できることを心から期待しています。

岐阜市の名前を全国の皆さんに知っていただくためには、まずは岐阜市民の皆さんが故郷・岐阜市の歴史を知り、それに誇りを持つことが不可欠です。そのためにも「岐阜市信長公４５０プロジェクト」は絶好の機会ではないでしょうか。

（平成28年12月1日号掲載）

313

基軸なき漂流の時代到来か？ ２０１６年を振り返って

早いもので２０１６（平成28）年も終わろうとしています。年を取るとともに時間がたつのが早くなってきていると感じるのは、毎日が充実しているせいなのか、記憶力の低下で毎日起こっていることをすぐ忘れてしまうせいなのか、はたまた別の理由なのかわかりませんが、年末になるといつも〝あれ！ 今年ももう終わってしまうのか〟と反省にも似た感傷に浸るのは私だけでしょうか。さて、東日本大震災から5年を経過した今年も熊本や鳥取の震災、台風進路の異常さなど相変わらず異常気象に見舞われた1年だったと思います。

移民政策に端を発した英国のＥＵ離脱や、移民制限政策や自国優先主義を掲げたドナルド・トランプ次期米国大統領の誕生は、グローバル主義や自由貿易主義などの戦後の基軸的価値観の崩壊を予感させるもので、今後の世界は経済面、安全保障面などで多極化が進み、自国優先のナショナリズムなど保護主義が蔓延《まんえん》する危険をはらんでいます。高品質の製品や技術の輸出など、モノや資本が自由に動く世界を前提とした日本の産業構造にも新たな試練が待ち受けているのかもしれません。このような世界的潮流の中、年間2千万人を超えた訪日外国人観光客数を2020（平成32）年の東京オリンピック・パラリンピックまでに4千万人まで増やし観光立国・日本を推進しようとする国の政策はきわめて時宜を得たものといえます。

伊勢志摩サミット、リオのオリンピック・パラリンピック、ポケモンGOの流行などいろいろあった一年ですが振り返って岐阜市はどんな年だったでしょうか。3月には「岐阜市新庁舎基本設計」が公表されました。昨年7月にオープンした「みんなの森 ぎふメディアコスモス」では1年間の来館者が123万人を超え、期待を上回る「静かなる賑《にぎ》わい」が創出されました。旧市立図書館の来館者が1年間で15万人だったことを考えると、1カ月で10万人超というのは夢のような話です。11月に神田町通りで開催された連節バスを利用した「トランジットモール交通社会実験」も成功裏に終わり、市民の健康づくり、商店街の活性化、環境負荷の低減など今後の展開が大いに期待されます。

来年には「信長公４５０プロジェクト」が控えています。これを弾みに岐阜市を大いに発信し、日本一元気な岐阜市をつくっていきたいものです。

（平成28年12月15日号掲載）

314

謹賀新年 2017「岐阜市信長公450プロジェクト」始動

新年明けましておめでとうございます。市民の皆さまにとって今年も素晴らしい年であることを心からお祈りいたします。さて、人間というのはなにかと縁起をかつぐものですが、昨年は干支《えと》が猿（申）ということで、いろいろな悩みや不運が去る（猿）年でした。今年は干支が鶏（酉）なので、大いに幸運を取り（鶏）込む年にしたいものです。〝酉《とり》の市〟は江戸時代から続くお祭りで、開運招福、商売繁盛を願う大変縁起の良いお祭りとされます。縁起が良いと言われる酉年の今年、岐阜市民の皆さんすべてが幸福になっていただけるよう、私たちも全力投球で市政にあたっていきます。

織田信長公の伝記、『信長公記《しんちょうこうき》』によると、1567（永禄10）年8月15日、信長公は当時、井口《いのくち》と呼ばれていた当地に入城し、「岐阜」と命名しました。それからちょうど450年目にあたる今年、岐阜市では1月から「岐阜市信長公450プロジェクト」を通年開催します。この間、さまざまなイベントやSNSなどを活用した情報発信により「信長公ゆかりのまち・岐阜市」を全国の皆さんに知っていただこうという企画です。岐阜公園で発掘中の信長公居館をCG（コンピューターグラフィックス）で再現し動画で見ていただく企画や、姉妹都市フィレンツェ市の協力による（仮称）レオナルド・ダ・ヴィンチ×ミケランジェロ展など素晴らしい企画がめじろ押しです。

1月20日にはドナルド・トランプ米国新大統領が誕生します。アメリカ第一主義を掲げる新大統領の登場は、既成の秩序や常識に対する再考を促してくるでしょう。またアメリカは自国の利益を優先するため、もはや世界の中心（基軸）であることを望んでいないのかもしれません。保護主義、自国優先主義が、戦後、アメリカが主導してきた世界の普遍的価値観とも言える自由貿易主義やグローバリズムに取って代わろうという流れが出てくる恐れもあります。このような中、鉱物資源を持たない日本にとって、モノ、ひと、お金が自由に動くことのできる自由貿易経済圏の維持は死活問題であり、重要なテーマです。日本としては各国が自国に閉じこもらず、お互いが切磋琢磨《せっさたくま》して共に発展を目指すグローバル社会の構築に向けてブレない政策を推進するとともに、大いにリーダーシップを発揮していくことが求められていると言えましょう。

このような先行き不透明な2017（平成29）年、岐阜市では「未来への羅針盤～指し示す安心の航海図～」の旗の下、さまざまな施策により市民の皆さんに対し「安心の見える化」を図ってまいります。

（平成29年1月1日号掲載）

315

断捨離でミニマリスト生活を！

岐阜市の輝かしい新年が始まりました。今年も岐阜市民の皆さんすべてにとって素晴らしい年となるよう全身全霊を傾けて頑張っていく覚悟です。さて、新しい年を迎えるにあたり年末の大掃除をされた方も多いと思います。終戦後しばらくはモノが無く、自動車やテレビ、冷蔵庫などの家電製品を持つことが夢である時代がありました。その後の日本経済の高度成長により町中にモノや情報があふれるようになり、「モノの豊かさから心の豊かさへ」と叫ばれるようになりました。私のように物不足の幼少期の記憶を持っている者にとっては、モノへの執着、モッタイナイ根性からの解放はなかなか容易ではなく、妻からモノを捨てなさいと叱責される毎日です。

こんな中、不要なものが入ってくるのを断ち、今ある不要なものを捨て、モノへの執着から離れる「断捨離」や、余分なものは持たず最小限のモノで暮らす人「ミニマリスト」という言葉が近年の流行語となり、そんなライフスタイルが注目されるようになってきました。周囲の環境やモノに過度に惑わされず、自分らしいシンプルライフを楽しもうということでしょうか。さて、このような考え方は、実は、既に鎌倉時代初期の随筆『方丈記』の中で描かれています。『方丈記』は、大火や大地震、竜巻など「五大災厄」を経験した鴨長明《かものちょうめい》が記したもので、大火や大地震でもろくも崩れゆく街並みを儚《はかな》み、自分一人が生活するだけの広さがあれば十分と、自ら方丈（約3メートル四方）の持ち運び自由な庵《いおり》に住み、人間は生まれた時から「本来無一物」とばかり、モノや世間に執着しない生活を送る様子を描いています。

真の心の豊かさを得るためにモノへの執着から解き放たれようというメッセージなのでしょうか。物質的豊かさに囲まれた現代社会にあって、どうすれば心穏やかで幸せに満ちた生活が送れるのか、いま一度考え直さねばなりません。モノや地位や肩書は人を不自由にしているものかもしれません。もしそうであるならば、「言うは易《やす》し、行うは難《かた》し」とは言いますが、一度自分の周りのこだわりを全て脱ぎ捨ててみると、肩の荷がスーと下りるのかもしれませんね。

（平成29年1月15日号掲載）

316

「楽《らく》」のまち、岐阜

年頭にあたり今年の一字として「楽」という字を発表しました。〝楽しむ〟ということは人生にとって極めて大切なことで、古来から「楽」についてさまざまに語られています。この元気宅配便でも時々引用している論語には「これを知る者はこれを好む者に如《し》かず（及ばない、かなわない）、これを好む者はこれを楽しむ者に如かず」とあり、物事を知っています、好きです、というより「楽しんでいる」ことがなんと言っても一番だと言っています

また江戸時代の貝原益軒《かいばらえきけん》はその著書、『養生訓』で、道にかなった正しいこと、善を楽しむこと、健康で快適な人生を楽しむこと、長生きをして末永く楽しむこと、これら

を「三楽」と呼び、その生き方はどんな裕福な生活にも勝ると言っています。何を「三楽」とするかは人それぞれに違うでしょうが、「楽」は人生をうまく生きる極意の一字と言えます。また、先憂後楽《せんゆうこうらく》という言葉があります。私が常々申し上げている〝事前の一策は事後の百策に勝る〟にも通じる言葉ですが、〝政治にあたる者は、世の人がまだ気づかないうちに心配事に気づいてその対策をし、その結果、世の人が救われ人々が楽しんでいるのを見届けて後に自分が楽しめ〟というものです。「楽」も奥が深いものです。

さて今年、2017（平成29）年は織田信長公の岐阜入城、岐阜命名450年の年にあたります。信長公は岐阜の地に足かけ10年滞在し、さまざまな改革を成し遂げました。中でも特筆すべきは楽市楽座です。楽市楽座は、安土で始まったと記載している歴史の教科書も多くありますが、正確には岐阜が発祥の地であります。現在複数の教科書会社に加筆修正を求めており、いずれも前向きに検討していただけそうです。お寺や神社などにお金を払わねばできなかった商売を、誰もが自由にできるようにと楽市楽座令を定めたのは、現代流に言えば規制改革のはしりと言えるもので、産業の活性化や情報戦略の上で大きな意味を持つものでした。規制に縛られずノビノビと商いができることも、まさに「楽」ということでしょう。

「楽は苦の種、苦は楽の種」という言葉があります。「好事魔《こうじま》多し」とも言います。楽な時、順調な時にも油断せず、また、苦しいことがあっても次に来る「楽」を信じて耐える。そんな1年にしたいものです。

（平成29年2月1日号掲載）

317

衣食足りて礼節を知る

最近の各国の動きを見ていると、〝自分の国さえ良ければいい〟という自国優先主義の風潮が出はじめてきているのではないかと懸念を抱かざるを得ません。移民・難民の受け入れが治安の悪化を招き、自国民の雇用を奪うのではとの懸念からのEU離脱を目指したり、自国第一主義の御旗《みはた》のもと移民・難民の受け入れを拒否し、自国に都合のいい交易条件、環境政策などを目指そうとする動きが他国に影響していくと、礼節（礼儀や節度）無き社会を生み、自由、平等、協調、正義などといった戦後社会を支えてきた人類共存のための普遍的価値観を大きく変貌させかねないのではとの危惧を感じさせます。

人種、宗教、文化などといった多様性への理解が進み、情報通信網や輸送手段の飛躍的発達により地球規模に普遍的価値観の共有が進む時代にあって、世界中の国々は経済面だけにとどまらず、さまざまな面でお互いが密接かつ複雑に繋《つな》がった歯車を構成しているようなものです。その連鎖の中、1個や2個の歯車だけが止まったり、反対に回ったりしだすと、その瞬間に世界という装置はギシギシと軋《きし》みはじめ、ついには火を噴き、そして最後には崩壊しかねません。この最悪のシナリオを止めるため今こそ人類の英知を結集する必要があります。

「衣食足りて礼節を知る」という言葉があります。毎日の生活に欠かせない衣類や食事が足りて、はじめて礼節の大切さがわかるという格言です。礼節という理性は多分、人間だけに持つことが許された特権でしょう。他人を敬い、自分の感情のおもむくままに行動するのではない、礼節ある社会こそ世界に平和と繁栄をもたらしてくれます。

何をもって、〝衣食が足りている〟と感じるかは人それぞれです。飢餓に苦しむ人々にとってはたった1杯の水やご飯でも十分かもしれません。上を見ればキリがなく、下を見れば自分より困っている人々が無数に見えてくるはずです。人間は一人だけでは生きていけない社会的動物です。いつの時代にあっても自分のことだけを優先するのではなく、他人への思いやりや慈愛に満ちた礼節ある世界であってほしいものです。

（平成29年2月15日号掲載）

318

人型ロボット「Pepper《ペッパー》」が活躍する「教育立市ぎふ」

「究極の教育立市ぎふ」を標榜《ひょうぼう》する岐阜市では、かねてからさまざまな先進的教育施策を実行してきました。国に先駆け2004（平成16）年から始めた小学校での英語教育、デジタル教科書やタブレットパソコンなどを活用したICT教育、STEM教員の導入や、体験型にリニューアルした岐阜市科学館を活用した理数科教育、各中学校に整備したスペース「アゴラ」を活用して自主性、協調性などを養うアクティブ・ラーニング、地域力を活用したコミュニティ・スクールの全市導入、子ども・若者を総合的・継続的に支援する岐阜市子ども・若者総合支援センターの開設、土曜授業を活用した才能開花教育ギフティッド、科学的根拠（エビデンス）に基づいた教育推進のための民間教育研究機関との包括協定、などなど枚挙にいとまがありません。

また2月に、開館からわずか1年7カ月で200万人の利用者を記録した「みんなの森 ぎふメディアコスモス」は図書館機能にとどまらず、ボランティア活動や生涯学習の拠点として、教育立市ぎふの象徴的施設に成長してくれました。その岐阜市の小・中学校では、今年の4月から人型ロボット「Pepper」を活用したプログラミング教育が始まります。世界規模で活躍する日本の大手通信情報会社がプログラミング教育の普及を図るため、「社会貢献プログラム スクールチャレンジ」として、希望する自治体に「Pepper」2千台を3年間貸与するという計画を発表したのを受け、早速手を挙げた岐阜市は、今回対象となった17自治体中、最多となる273台の貸与を受けることになったのです。

プログラミング教育は、情報技術の活用能力を育む手段としてだけではなく、児童生徒の論理的思考力、問題解決力、創造力などの育成にも有効とされ、世界的に導入される傾向にあります。文部科学省によれば、日本でも3年後の2020（平成32）年には小学校においてプログラミング教育の必修化を目指すとされています。AI（人工知能）やIoT（モノのインターネット）、ビッグデータ（大容量のデジタルデータ）などに代表される第４次産業革命の実現は将来の成長戦略に不可欠であり、そのためにもプログラミング教育はどこの国でも避けて通れないテーマとなっています。岐阜市では「Ｐｅｐｐｅｒ」の支援を得て、楽しくプログラミング教育に親しんでもらおうと、国に先駆け今年の４月から市内の小・中学校のうち39校でプログラミング教育を始めることとしたものです。

今まさに第４次産業革命の荒波が押し寄せようとしています。岐阜市で育った子どもたちがこの荒波をものともせず、力強く前に突き進んでいけるよう教育立市・岐阜市では子どもたちのためにあらゆる手を打っていきます。

（平成29年3月1日号掲載）

319

日中友好の架け橋「日中不再戦の碑文交換55周年」

今から45年前の1972（昭和47）年、当時の田中角栄首相と周恩来首相が日中共同声明に調印し、日本と中国の国交が正常化しました。実はその国交正常化に先立つこと10年前の1962（昭和37）年、岐阜市と杭州市は二度と戦争をしないと誓い合った「日中不再戦の碑文」を交換し、日本と中国の交流の先駆けとなる偉業を成し遂げました。今年は、その「日中不再戦の碑文」交換から55周年にあたることから、先月杭州市を訪問の上、市長と面談し友好関係をさらに深めていくことで合意しました。日中国交正常化から45年たった現在でも、残念ながら日本と中国の間には解決すべき課題が山積しています。領土問題や歴史認識を含む外交問題、強大化した中国経済の世界経済への影響、PM2・5や黄砂の飛来といった環境問題など、どれも一筋縄では解決できない課題ば

日中不再戦の碑文

かりです。

お互いに国レベルでの外交交渉を通じて、なんとかこれらの問題解決の糸口を見つけようと努力がなされていますが、一方で民間レベル、自治体レベルでの積極的な交流も、相互理解の増進に大きな役割を果たします。56あると言われる民族で構成され、13億人を超える巨大な人口を抱える中国の統治は決して容易なものではないのでしょう。すべての個々の要望や事情に対応するのは至難のわざのように見えます。統一的なメッセージの下、巨大な中国をまとめていく必要があることについては中国の人々も理解しているのでしょう。

中国の人たちは日本の製品の品質の良さ、温泉、雪景色、和食など日本情緒の素晴らしさ、日本人のもてなしの心や礼儀正しさを十分に理解し、評価しているように思えます。だからこそ近年多くの中国人観光客が日本を訪れ、さらに日本への理解を深めることに繋《つな》がっていると思います。岐阜市では杭州市との関係を糸口として、自治体レベル、民間レベルで相互理解をさらに深め、両国関係の飛躍的発展につながるよう寄与したいと思っています。

岐阜市では国の重要無形民俗文化財に指定され、1300年以上の歴史を持つ長良川鵜飼のユネスコ無形文化遺産登録を目指しています。中国でも漁業や観光として行われている鵜飼が119カ所にものぼるという研究もあります。今回訪問した雲南省大理州でも鵜飼が行われており、共同でユネスコ無形文化遺産登録を目指していく可能性についても議論してきました。力を合わせ同じ方向に向けて努力すればお互いの絆はさらに深まることを信じて、この共同登録の可能性を追求していきたいと思います。

（平成29年3月15日号掲載）

320

基軸なき時代の「安心の見える化」岐阜市政2017

人は自分が予見できない状況にある時、必要以上に大きな不安を感じるものです。たとえば澄んだ水たまりであれば、深さも想像がつき、場合によってはこれなら通れると判断できます。しかし、たとえ浅くても濁った水たまりだと、深さがわからず念のために回り道して行こうということになります。つまり不透明さは人に計り知れない不安を与え、時として必要以上の構えを強いるものです。将来に不安を感じれば人々は過度に保守的、保身的になり、時として購買を控えるなど経済活動が委縮し、経済発展のための社会の好循環が断ち切られてしまいます。

昨年来、国民投票によるイギリスのＥＵ離脱の決定や、自国第一主義を唱えるトランプ・アメリカ大統領の誕生など、世の中の予想を大きく覆すような事態が普通に起こる〝非日常の日常化〟時代が幕開けしたように見えます。今後何が起こるか予測不能で、基軸となる普遍的価値観の無い基軸なき時代を迎え、人々は不安と不透明の真っただ中に立たされています。このような時代背景を受け、岐阜市では4月から始まる新年度（2017年度）の行政経営の基本方針を〝未来への羅針盤～指し示す安心の航海図～〟とし、人づくり、産業づくり、まちづくりの3分野で〝安心の見える化〟施策を進めていきます。

安心の構築のためには、社会保障制度の持続性や防災対策など喫緊の課題への対応とともに、教育・子育て環境整備やぎふスーパーシニア（元気な高齢者の岐阜市版ネーミング）の活躍の場の創出など、人への投資による将来への礎の構築という両面作戦が必要です。第4次産業革命と言われるこの時代には、人工知能やＩｏＴ、ビッグデータなどにより産業の在り方だけではなく、私たちの日常生活も大きく変わることになり、誰もがこの変化についていくことを強いられることとなります。

また公助・共助・自助の態勢を早急に確立し、30年以内の発生確率70％と言われる南海トラフ巨大地震へ備えることも必要です。今年度は、災害時の防災拠点・市役所新庁舎の建設に向け大きな一歩を踏み出すとともに、長年の懸案であった柳ケ瀬地区の活性化の切り札となる高島屋南地区市街地再開発事業も進めていきます。また〝5年先を行く究極の教育立市〟を標榜《ひょうぼう》する岐阜市では、国に先駆け、人型ロボットＰｅｐｐｅｒなどを活用したプログラミング教育も導入し、第４次産業革命にも対応できる子どもの育成を図るほか、岐阜市子ども・若者総合支援センターのさらなる充実にも努めていきます。

今年度、岐阜市では安心の見える化のため、さまざまな施策を実施していきます。

（平成29年4月1日号掲載）

321

ぎふスーパーシニアは〝おしゃれ〟に介護予防

岐阜市では積極的に社会活動に参加する元気な高齢者を〝ぎふスーパーシニア〟と呼びます。先日、日本老年学会などが高齢者の定義を65歳以上から75歳以上に引き上げるべきだと提言し注目されました。確かに最近の高齢者は昔に比べて10歳程度は若返ったと感じている人々も多いと思います。実際にさまざまな身体能力を表す数値には大きな改善が見られているようです。ぎふスーパーシニアにとっても健康で長生きができる時代の到来は願ってもないことですが、一方で年金制度の持続可能性や、認知症を含む医療や介護などの社会保障費用の高騰、次代の担い手不足などさまざまな課題も横たわっています。

団塊の世代が後期高齢者と言われる75歳になる2025年は、医療・介護施設や医師、看護師、介護士など、ありとあらゆるものが不足すると危惧され、2025年問題とまで言われています。このような厳しい時代を生き残るためには、さまざまな工夫と努力が必要になります。若いうちからの健康づくり、食生活の改善、人々と交流する機会、塗り絵やパズルといった脳トレなど、数え上げればキリがありません。笑うことも認知症予防に大いに効果があるようです。長寿医療研究センターの調査では、人生の幸福感や満足度が高い人は認知症の発症率が低いということが分かっているそうです。フランスの哲学者アランは〝人は幸福だから笑うのではない。笑うから幸福なのだ〟と言っています。不平不満を言わず、自分ほど恵まれた者はいないと自分の環境に常に満足して笑っていれば、認知症になりにくいということでしょう。

意外に思われるかもしれませんが、実は〝おしゃれ〟も認知症予防には大いに効果があるようです。「認知症予防財団」が発表している認知症予防10ヶ条の中に〝いつも若々しくおしゃれ心を忘れずに〟という1ヶ条があります。着る物やお化粧によるおしゃれはその人の高揚感を高め、ストレスを軽減させ、結果として免疫力を高めるようです。

おしゃれは「心」「脳」「身体」を刺激し〝生きがい〟や〝ときめき〟を感じさせてくれます。さてファッションのまち岐阜市では「ギフ・蝶ネクタイ」で人もまちもファッション業界も盛り上がろうという趣旨で、岐阜女子短期大学の主催による「ギフ・チョウネクタイ」デザインコンテストを開催し、122点の応募作品から最優秀賞として岐阜市長賞ほか8点の優秀作品が選ばれました。今後の商品化が期待されます。岐阜市をおしゃれな〝ぎふスーパーシニア〟で溢れさせ、認知症のないまちを実現しようではありませんか。

（平成29年4月15日号掲載）

322

ますます熱い「信長公のおもてなしが息づく長良川鵜飼」いよいよ開幕

信長公入城・岐阜命名450年でますます盛り上がる岐阜市では、2015（平成27）年4月に「『信長公のおもてなし』が息づく戦国城下町・岐阜」が日本遺産第1号に認定されました。おもてなし名人の信長公は茶のお点前、能楽、荒々しく削った岩肌を背景とした庭園、信長御膳とも言われる山海の珍味に趣向を凝らした料理の数々など、さまざまな方法でお客さまをもてなしました。中でも特筆されるべきは長良川鵜飼によるおもてなしでしょう。信長公の嫡男・信忠と武田信玄公の娘・松姫の婚約にあたり、お祝いものを持ってきた信玄公の使者を長良川鵜飼でもてなし、信玄公へのお土産の鮎を信長公自ら選んだとの記録が残っています。

さて5月11日に開幕する今年の長良川鵜飼は杉山雅彦鵜匠を新代表に迎え、昨年は5艘だった鵜舟を今年は6艘に戻す方向で準備が進められております。今年の鵜飼も、折からの観光ブームを追い風に大いに頑張ってくれるものと期待しています。国の内外からのお客さまをもてなすべく、今年からはトップに鵜飼の動画を配したホームページの多言語化を図るとともに、英語による予約やクレジットカード決済も可能になりました。2020（平成32）年までに訪日外国人観光客数（インバウンド）4千万人達成を目標とする国の施策を受け、本市でもさらに受け入れ態勢の充実を図っていきます。

2005（平成17）年4月に長良川プロムナードが完成し、それまでせっかくの鵜飼を台無しにしてきた車のヘッドライトの行列がなくなり、本来の漆黒の闇の中での鵜飼が復活しました。今年は完成から12年を経過したそのプロムナードの改修工事を行いました。歩道と車道を無段差とし、カラー舗装により歩道を明確にするとともに、鵜飼開催時以外に点灯させる街路灯をLED化したため、明るさは従来の2倍ほどになりました。これで夜も安心して散歩やジョギングを楽しんでいただけると思います。

大理州鵜飼

今年2月に今も鵜飼を続ける中国の雲南省大理州を訪問しました。ある調査によると中国で鵜飼をやっているところは119カ所にのぼりますが、まだほとんどが漁業として行っているそうです。今回の訪問で、中国で数少ない観光鵜飼を開催する大理州と岐阜市が、連携してユネスコの無形文化遺産登録を目指すことで合意しました。昨年8月には、市民の皆さんによる長良川鵜飼文化応援団が結成されました。2015（平成27）年3月に国の重要無形民俗文化財に指定された長良川鵜飼を、世界の長良川鵜飼に飛躍させるべくさらに頑張ろうではありませんか。

（平成29年5月1日号掲載）

323

シンギュラリティ2045 人工知能（AI）時代の到来

シンギュラリティ2045というのは聞きなれない言葉ですが、今から約30年後の2045年には人工知能（AI）が人類の知能の総和を上回ってしまうのではないかという仮説です。つまりウカウカしていると、人工知能が人間を凌駕《りょうが》し制御が利かなくなってしまうかもしれないという恐ろしい話なのです。つい先日、織田信長公もこよなく愛した将棋の世界で、最年少プロで弱冠14歳の藤井四段が羽生三冠に勝利したというニュースがあり大いに驚いたものです。しかし、もっと驚くべきは今年の4月に佐藤名人が将棋ソフト「PONANZA」に敗れたことです。また、囲碁の世界でも昨年3月には韓国で世界トップ級のイ・セドル九段が「アルファ碁」に負け越したというニュースもありました。

このように人工知能は着実に進化を遂げており、例えば事前に行き先を入力しておけばブレーキやアクセル、さらにはハンドルに触れることなく目的地に到着できるという夢のような自動運転車の時代もすぐにやってくるでしょう。既に私たちの身の回りには、掃除ロボット、自動翻訳機、挨拶《あいさつ》や身ぶり手ぶりで人を癒やしてくれる人型ロボットＰｅｐｐｅｒなどが実用化されています。人工知能が人間に代わってやってくれる仕事を数え上げたらキリがありません。しかし便利になるからと言って手放しに喜んではいられないようです。最近の研究によると今後、人工知能に取って代わられる可能性のある職業として、スポーツ審判、電話オペレーター、ホテルなどの受付、レジ係、運転手、警備員などが挙げられており、今後10～20年以内に今ある職種の約半数が人工知能に取って代わられる可能性が高いと予測されています。

単純作業労働だけではなく、銀行の融資や保険の審査など多様な知識が必要とされる仕事さえ人工知能に奪われるかもしれないというのです。一方で作曲家、ミュージシャン、画家、俳優、セラピスト、作業療法士など人の感情に配慮しなければならない仕事や、芸術などの創造性を必要とする仕事は人工知能に取って代わられることはないだろ

う と 言われています。このような時代を生き延びていくためには、教育分野でも従来のような「暗記学習」から主体的に問題を解決する能力、無から有を生む創造力、人と共感できる力などを育てる教育への脱皮が必要です。そこで岐阜市では教育改革の一環として、国に先駆け今年度から市内全小学校、中学校でプログラミング教育を始めました。人工知能に使われるのではなく使いこなすことができる子どもが岐阜市から育ってくれることを大いに期待しています。

（平成29年5月15日号掲載）

324

日本の風流「衣替え」

「衣替え」の習慣は平安時代に中国から日本に伝わったそうです。当初は宮中行事として年に2回行われる貴族社会のみの習慣だったようですが、江戸時代になると着物の種類も増えたため、年に4回行われるようになったようです。明治時代以降は洋服が一般化してきたため、冬服と夏服の年2回に戻り現在に至っています。ただし、和服の世界では今も年4回の衣替えが行われています。四季が比較的はっきりしている日本では、「衣替え」が季節の移り変わりを感じさせてくれるある種の風物詩的な行事としてとらえられてきました。日本人は季節感にきわめて敏感で、浴衣、風鈴、蝉の声、蚊取り線香などに夏を感じるように、四季それぞれに着る物、食べる物、聞こえる音、見える色などで日本の風流を感じてきました。

ところで、日本には「粋」という言葉があります。例えば、春は桜、秋は紅葉など四季に応じた着物の柄がありますが、桜が咲く前に桜の柄の着物を着るなど季節を先取りするのが「粋」なんだそうです。私のように桜が咲いている最中《さなか》に、ピンクのネクタイをしめているというのは「野暮《やぼ》」とか「武骨」と言われそうです。私も「粋」な「衣替え」を心がけたいものです。

さて、近年になって様相は一変し、衣替えを風流とばかり言っていられない時代になりました。いわゆる地球温暖化により世界の気温は毎年上がり続け、日本の年平均気温は過去100年間で約1・19度上昇し、岐阜地方気象台によれば本市においても100年間の年平均気温の上昇は約1・69度に上っています。このような環境変化に対応するため、2005（平成17）年度に一般公募した「クール・ビズ」（COOL BIZ）という名前のもと、環境省はノーネクタイなど軽装による冷房抑制、電力節減などを呼びかけはじめ、本市でも2006（平成18）年度から職員のクール・ビズをスタートさせました。当初は6月1日から9月30日までの4カ月間が想定されていましたが、2011（平成23）年の東日本大震災を受け、さらなる節電をめざし、2013（平成

25）年度より5月1日から10月31日までの6カ月間とされ現在に至っています。

本市では2004（平成16）年度から「地球におもいやり　エコオフィス運動」を推進し、オフィス内の温度を夏は過度に低く、冬は過度に高くしないよう努力しています。皆さんと一緒に、日本人の得意技「衣替え」で暑い夏、寒い冬を乗り切るなど、環境にやさしい生活を心がけたいものです。

（平成29年6月1日号掲載）

325

世界大移動時代・旅する世界の人々

国連世界観光機関の統計によれば、2016（平成28）年の世界の旅行者は前年に比べ約4％増え12億人を超えたそうです。計算上は、世界の人口約70億人のうち実に17％の人が1年間に国外へ旅行をしたことになります。世界の観光産業の規模は約840兆円で、なんと世界のGDP全体の約10％を占めるに至っており、加えて旅行産業に携わる人の数も約2億9千万人と世界の雇用者数の約10％、しかも女性の雇用比率は他産業のそれのほぼ2倍という試算もあります。このように今や旅行業は決して侮れない重要産業に成長してきているのです。

このような中、ダボス会議の主催者「世界経済フォーラム」は2017年版の世界の観光競争力ランキングを発表しました。これによると日本は136カ国中第4位で、前回調査の第9位から大きく順位を上げました。日本の持つユニークな文化資源や鉄道などの交通の利便性、衛生環境の良さなどが評価されたようです。皆さんもご存知のように昨年の訪日外国人観光客数は2400万人を突破、2014（平成26）年に政府が掲げた2020（平成32）年の目標2千万人を早々と達成しました。また今年の5月13日には1月からわずか4カ月余りで訪日外国人観光客数1千万人を達成、ひょっとしたら2017（平成29）年中の3千万人達成も決して夢物語ではありません。

今から10年ほど前、政府がビジット・ジャパンの旗の下、訪日外国人観光客数を500万人から1千万人に増やし、当時3兆円を超える赤字であった旅行収支の黒字化を図ろうと必死に努力していたことを思うと隔世の感があります。ちなみに財務省によれば平成28年度の日本の旅行収支は1兆2800億円の黒字だったそうです。2020年の東京オリンピック・パラリンピック開催、2027年に予定されるリニア中央新幹線の開通などを控え、訪日外国人旅行者はますます増加すると見込まれます。信長公450プロジェクトを推進中の岐阜市には、清流長良川の鵜飼や金華山頂にそびえる織田信長公ゆかりの岐阜城など観光資源が実に豊富です。長良川の鵜飼が国の重要無形民俗文化財に指定され、「『信長公のおもてなし』が息づく戦国城下町・岐阜」が日本遺産の第1号認定を受けた岐阜市としても、世界大移動時代という大きな潮流に乗り遅れることなく観光立市・岐阜を目指していきます。

（平成29年6月15日号掲載）

326

「楽《らく》」で「やる気」に点火！

いつの時代にも心に残る名言というものがあります。私も時々引用する孔子の『論語』は2500年前に記《しる》されたにもかかわらず、現代社会にも十分通用する多くの名言を含みます。優れた哲学者の言葉や、苦労に苦労を重ねた上でようやく偉業を成し遂げた人の言葉というのは含蓄《がんちく》に富み、説得力があります。最近教育に関するある言葉が私の心を打ちました。アメリカの教育者、ウィリアム・アーサー・ウォードの言葉です。いわく〝凡庸な（普通の）教師は、ただ喋《しゃべ》るだけ〟〝良い教師は、説明する〟〝優れた教師は、自らやって見せる〟〝偉大な教師は、学びの心に火をつける〟というものです。

やる気のない子どもに対し、いくらあの手この手で教えてもなかなか身に付きません。

ましてや〝勉強しなさい！〟などと怒鳴《どな》ったりすると、反発を招くばかりでかえって逆効果です。心が閉ざされていたのでは、何も中に入っていきません。この子どもの心を開かせ、やる気にさせるにはどうしたらいいでしょうか。人間は何事も深刻に考えすぎると、かえって委縮してしまうものです。ではこの深刻さを吹き飛ばす魔法のキーワードはないものでしょうか。それは年初に今年の一字としてご紹介した「楽」ではないでしょうか。「楽」とは広辞苑に、心身が安らかで楽しいこと。好むこと、愛すること。たやすいこと、やさしいこと。とあります。「楽」という状態は人間の持つ能力を最大限に発揮させてくれるのではないでしょうか。

『論語』にも〝これを知る者はこれを好む者に如《し》かず（及ばない）、これを好む者はこれを楽しむ者に如かず〟とあります。何事も〝楽しいこと〟が一番。教育も、仕事も、もっと言えば人生そのものも〝楽しく〟なければいけないということでしょう。〝みんなの森 ぎふメディアコスモス〟がもうすぐ開館2周年を迎えます。週末ともなれば、私が〝岐阜の珍百景〟と呼ぶ、開館前の長い行列ができます。1年目に続き、2年目の利用者も年間100万人を超す勢いで、市民の皆様に大いにご利用いただき、愛されています。

この理由の一つはこの施設が従来の常識を破り、行って楽しい、滞在して楽しい空間を提供しているからではないでしょうか。幼児期からこの場所でお母さんらと一緒に楽しみながら知的刺激を得た子どもたちは、必ずやその学びの心に火をつけてくれるものと信じています。

（平成29年7月1日号掲載）

327

〝民間の息吹〟で市政活性化

現在7人の岐阜市若手職員が民間企業で研修に励んでいます。商社、広告代理店、ネット通販の会社など職種はさまざまです。1年間の派遣を基本にしていますが、必要に応じて2年間の場合もあります。平成14年に私が市長に就任した直後から開始した職員の民間派遣も本年度で16年目を迎え、これまでに延べ79人が民間企業での業務を経験しました。顧客の満足が得られなければ、他社に乗り換えられてしまう民間企業にあって、各社は必死で顧客満足度を高めるための方策を考えています。この顧客第一という企業の理念に触れるとともに、生き残りのためには日々創意工夫による進化が欠かせないということを学んでもらうことなどを目的としています。

現在、東日本大震災の被災地、福島県広野町と宮城県気仙沼市でそれぞれ2人、岩手県釜石市で1人の職員が災害復興に取り組んでいます。これらを含め、国・県・他の市町村・公益法人など、民間企業以外でも24人の職員が奮闘してくれています。〝井の中の蛙《かわず》大海を知らず〟という言葉があります。自分の世界だけに閉じこもっていると、考え方や、価値観が固定的になります。外に出れば、自分の知らないまったくの別世界があることを肌で感じ、目から鱗《うろこ》が落ちる思いをします。外で武者修行をしてきた職員は岐阜市役所に新たな風を吹き込んでくれます。

今年度から岐阜市ではソフトバンクから借り受けた人型ロボット〝Pepper《ペッパー》〟273台を活用するなど、市内全ての小学校、中学校でプログラミング教育を国に先駆けて始めました。これは2千台の〝Pepper〟を全国17の自治体に貸し出して日本のプログラミング教育を普及させようというソフトバンクの社会貢献事業の一環ですが、実はこの事業の提案者は岐阜市からの派遣職員だったのです。岐阜市が全国最多の273台の〝Pepper〟をお借りできたのも岐阜市派遣職員の知恵出しのおかげです。また電通とは、同社に派遣した職員の骨折りもあり「信長公を活用した地域活性化に関する包括連携協定」を締結、信長公４５０プロジェクトの推進に大いに貢献して頂いています。

今年度から新たに職員派遣を始めたインターネットメディア事業を営むアソビューは、多くの自治体の観光活性化支援を行っており、本市でもインターネットを活用し信長公、ぎふ長良川鵜飼をはじめとする地域資源を発信する事業などで連携を深めていくことにしています。本市を訪問された社長からは早速「観光ヴィジョン」策定の重要性や、フェイスブックやＬＩＮＥなどの「ＳＮＳ（ソーシャルネットワークサービス）」を活用した本市の情報発信など、さまざまな提案を頂きました。今後とも職員の民間派遣を通して岐阜市の更なる活性化に努めていきたいと思っています。

（平成29年7月15日号掲載）

328

「多様性」と「個の復権」

最近、生物多様性とか多文化共生といった言葉をよく耳にするようになりました。これは、動物や植物の生態系においても、人間社会においても、「多様な個」が存在できる環境であることが生物や人間の持続的発展にとって不可欠であると認識され始めた証《あかし》と言えるでしょう。また、多様な生物が絶滅せず存在できるかどうかは、人間が生きていくための環境が確保されているかどうかのバロメーターとも言えます。

多様な価値観のぶつかり合いはエネルギーを生み出します。移民の受け入れによって形成された多民族国家アメリカは、かつて人種の坩堝《るつぼ》と言われました。坩堝とは鉄などを強く熱したり溶かしたりする時に用いる容器のことです。人種の坩堝アメリカでは世界中の多様な価値観や文化が熱くぶつかり合い、火花を散らすことで大きなエネルギーや新たな価値観、流動性を生み出し、世界有数の国家となっていきました。アメリカの発展を支えてきた「多様性」「多様な文化や価値観」を否定しかねないような最近の自国優先主義の主張には憂慮の念を抱かざるをえません。この動きが世界に蔓延《まんえん》すれば「世界の多様性」をも脅《おびや》かしかねません。

時として「多様性」と「協調性」は対極として語られるかもしれません。聖徳太子の十七条憲法に「和を以《もっ》て貴しとなす」とあるように島国である日本にあっては、いさかいを起こさず互いに仲良く協調することが重要ということでしょうか。しかしそれは「個」や「多様性」を押し殺してまで「協調性」を優先しようということではないと思います。最近、19世紀の心理学者アルフレッド・アドラーの『嫌われる勇気』という本が脚光を浴びています。ともすれば人は「他人に嫌われたくない」「他人にどう見られているか」が気になり、「自分自身を生きていない」のではないか。嫌われてもいいから自分の思うところ、自分の「個」を生きようではないか、と語りかけています。自分自身を生きる人が多い社会こそまさに「多様性に富んだ社会」と言えるでしょう。今こそ、それぞれに光り輝く「個」が復権できる社会をつくる必要があります。

人生にしても、絵画や音楽などの芸術にしても、さまざまに個性に富んだ人がいたり、いろいろな色彩や音色に満ちていたほうが楽しく、こころ豊かに感じられるじゃありませんか。

（平成29年8月1日号掲載）

329

「応仁の乱」に学ぶ

岐阜市では2017年を織田信長公の岐阜入城・岐阜命名450年目の年として、さまざまな事業が展開されています。中でも、みんなの森 ぎふメディアコスモスや岐阜市歴史博物館で開催されている「信長公ギャラリー」や「G·i f u信長展」は大変好評で、連日多くの来場者で賑《にぎ》わっています。信長公の岐阜入城・岐阜命名は今から450年前の1567年ですが、そのちょうど100年前の1467年に応仁の乱が勃発しました。つまり今年は応仁の乱から550年の節目の年ということになります。そのせいなのか、あるいは最近の世界や国内の状況が当時と似ているせいなのかどうかはわかりませんが、応仁の乱をテーマにした本が最近ちょっとしたブームとなり多くの人に読まれているようです。

応仁の乱についてはさまざまな見方があります。日本の歴史は応仁の乱以降が重要なのだと唱える高名な歴史学者もおられるように、応仁の乱は地味そうに見えて意外に重要な意味合いを持った出来事だったのかもしれません。室町幕府という秩序が崩れる中、群雄割拠《ぐんゆうかっきょ》の戦国時代の幕開けとなる応仁の乱は、将軍家の後継問題をめぐる細川勝元《ほそかわかつもと》と山名宗全《やまなそうぜん》の争いなどが端緒となって始まりました。10年以上続く戦乱は京都の町を荒廃させ室町幕府の衰退を招きました。室町幕府という大きな権威の崩壊と、それに続く群雄割拠の時代、つまり実力さえあれば誰でも国の支配者になれる実力主義時代の到来をもたらしたのが応仁の乱だったのかもしれません。

戦国の世は信長公、豊臣秀吉公などの多くの優れた武将を育み、徳川家康公が江戸幕府を開くことでようやく落ち着きを取り戻すことになりました。応仁の乱の時代背景を現代社会に照らし合わせてみると、ちょっとした類似性を感じます。戦後の世界の価値観の中心をなしてきたアメリカ合衆国の最近の自国優先主義の主張や、EU（欧州連合）の足並みの乱れが世界を流動化させ、従来の権威を失墜させている様は、まさに応仁の乱の当時を彷彿《ほうふつ》とさせます。この混乱の中から、未来を見通すことのできる聡明な頭脳を持ち、人類の融和を実現できる新しい価値観を持った世界的指導者が出現することを願わずにはいられません。

（平成29年8月15日号掲載）

330

スロバキア共和国のホストタウン・岐阜市

現在2020年東京オリンピック・パラリンピックに向け、急ピッチで国を挙げての準備作業が進められています。大会用の競技施設、選手や観客のための宿泊施設、輸送手段や道路整備など大会開催地域における直接的な投資にとどまらず、その効果を地方にも波及させるためのさまざまな取り組みも行われています。一昨年、地方の潜在的観光資源の発掘のため「日本遺産」の認定制度が始まり、岐阜市の「『信長公のおもてなし』が息づく戦国城下町・岐阜」がその第一号認定を受けたのは記憶に新しいところです。折からの世界的な観光ブームを追い風とした積極的な外国人観光客の誘致活動の結果、2020年の目標2千万人に対し、2016年の訪日外国人観光客数は2400万人を上回る結果となりました。今年2017年はひょっとすると3千万人にも届かんとする勢いです。

また、東京オリンピック・パラリンピックの参加国と地域が人的・経済的・文化的交流を図ることで大会のレガシー（遺産）を地方にも残し、結果として地域のグローバル化、活性化、観光振興を図ろうとする「ホストタウン」構想も重要な取り組みです。今年7月現在、全国で179件が登録されており、岐阜市もスロバキア共和国のホストタウンとして登録されています。今年度「岐阜市ホストタウン推進本部」を設置し全市を挙げての取組体制を構築するとともに、7月にはスロバキアを訪問し、かつて駐日本国大使の経験もあるライチャーク外務・欧州問題担当大臣やスロバキア・オリンピック委員会のシーケル会長をはじめ、同国のパラリンピック委員会会長、卓球連盟会長、カヌー連盟会長とも面談の上、事前合宿や市民との交流などについて協議を行うとともに岐阜市への視察の要請を行いました。

スロバキアは、日本と同様に高いレベルにある卓球に加え、カヌー競技も強く、昨年日本代表としてリオデジャネイロ・オリンピックで銅メダル（カヌー・スラローム）を

スロバキア訪問、ドナウ川から望むブラチスラバ城

獲得した羽根田卓也選手も10年以上にわたりスロバキアで練習をしています。大会前後には選手ばかりではなく、同国から多くの観光客にも岐阜市を訪問してほしいものです。スロバキアの首都ブラチスラバ市は人口約43万人、ドナウ川に面する小高い丘にブラチスラバ城が聳《そび》えるさまは、岐阜城を頂《いただ》く金華山の麓《ふもと》を長良川が流れる、人口41万人の岐阜市とうり二つです。同市のファルカソブスカ副市長との面談時にも将来に向けて両市の都市間交流を活発にしていくことで意見の一致をみました。「信長公のおもてなし」の心でスロバキアの人々をホスト（おもてなし）しようではありませんか。

（平成29年9月1日号掲載）

331

「ポピュリズム」の功罪

昨年は米国大統領選挙をめぐって「ポピュリズム」論争が盛んな1年でした。さて、そのポピュリズムとは？　日本語に訳せば「大衆迎合主義」となり、ややネガティブ（否定的）な響きがあるこの言葉ですが、語源はラテン語のポプルスＰＯＰＵＬＵＳ（人々、人民）で、大衆への迎合を意味する「衆愚政治」という否定的な意味と、大衆の反逆、「人民主義」という肯定的な意味の両方があるようです。ポピュリズムは「大衆の支持を基盤に一部の特権階級やエリートの特権を正そうとする政治運動だが、一方で人気取りに始終して衆愚政治に陥る危険もある」というような記載をしている辞書もあります。つまりこのポピュリズムという「手法」はその目的とするところ、すなわち「志」次第で、良くも悪くもなるということでしょうか。

ポピュリズム政党やポピュリズムを唱える政治家は、往々にしてメディアを縦横無尽《じゅうおうむじん》に駆使《くし》する傾向があります。米国のトランプ大統領がツイッターを活用し、自分の思いのたけを大いに発信していることは周知の事実です。しかし、インターネットやＳＮＳの普及によりフェイクニュース（偽ニュース）や個人的な極論などが容易に人々の目に触れるようになると、人々の主張や考え方が極端な方向に振れていく危険性をはらみます。十分な検証をせず、つい自分に好都合な意見や立場に吸い寄せられていくのが人情というものでしょう。

人間というのは、つい「今」の「自分」にとって都合の良いことを選択しがちではないでしょうか。「今」だけではなく「将来のこと」、「自分」のことだけではなく「他人」をも含む「全体のこと」を考えることが重要です。私は常日頃から「現在益だけではなく未来益を」「部分益だけではなく全体益を」考えて市政経営にあたるよう職員の皆さんにお願いしています。将来のために今は我慢をしよう、全体のために自分は我慢しようという姿勢が社会全体に満ち満ちてくれば世の中は順回転していきます。

先日、ある新聞に「シルバー民主主義」についての記事が掲載されていました。国の財政を悪化させているのは、投票率が高く政治への影響力が大きい高齢者を優遇するための政策を導入しているからではないかという問題提起の一方で、きちっと説明さえすれば高齢者もある程度の負担増を受け入れられるのではないかという最近の研究の結果も載せられていました。ともするとポピュリズムとも受け取られかねない政策への警鐘とともに、一方で十分な説明や情報さえあれば国民の良識でポピュリズムを乗り越えていけるのだと確信できるうれしい記事でした。

（平成29年9月15日号掲載）

332

人生100年時代の覚悟

日本では平均寿命が年々長くなり、2015年現在、女性86・99歳、男性80・75歳と世界でも屈指の長寿社会となっています。その結果、2015年の日本の高齢化率（65歳以上の高齢者の割合）は26％を超え、2060年には38％を超えると予測されています。つまり日本人の5人に2人が高齢者という時代が目の前に迫っているのです。また健康意識の高まり、食生活や生活環境の改善、医学や薬学の進歩などもあり、高齢者の身体機能や知的機能も劇的に若返っているようで、10～20年ほど前に比べ10歳程度若返っているという研究成果もあるようです。

政府は先日「人生100年時代構想会議」を立ち上げました。19歳の学生起業家や82

歳のゲームアプリ開発者を含む13人からなるこの有識者会議では、人生100年時代とも言われる超高齢社会における日本人の働き方、学び方などについて突っ込んだ議論がなされるようです。そのメンバーの中でとりわけ私が注目したのが、ロンドン・ビジネススクールのリンダ・グラットン教授です。彼女は最近『ライフ・シフト―100年時代の人生戦略』という著作を発表、私も大変興味深く読ませてもらいました。この本では、従来人生というものは教育を受ける時代、仕事をする時代、引退後ののんびりと休養しながら暮らす時代という三つのステージで考えられていたが、人生100年時代ではこの単純な三つのステージではなく、教育、仕事、休養などという各ステージを多様に組み合わせたマルチ・ステージの人生へシフト（ライフ・シフト）することが必要になると説きます。家族や友人、スキルや知識、健康などといった、お金以外の資産（無形資産）の重要性、余暇の時間を自分に対する投資に使うこと、夫婦の役割分担の見直しなど蘊蓄《うんちく》に富んだ話が満載です。興味ある人はぜひ一度本書に目を通されることをお勧めします。

人生100年時代を生き抜くためには生きがいづくり、居場所づくりも大切なテーマです。岐阜市では今年度「ぎふスーパーシニア」の皆さんに学びの場を提供するため長良川大学に「スーパーシニア学部」を新設、この学部のスーパーシニア教育学講座で学んでいただいた方にはコミュニティ・スクールで子どもたちにその知識や経験を伝授いただく場も用意しています。気が遠くなるような１００年という人生を生き抜くために不可欠なものは「覚悟」「好奇心」「健康」「向上心」、中でも一番大切なのは「楽しむこと」「楽しいこと」ではないでしょうか。今から人生１００年時代の生活設計を立て、有意義な人生を送ろうではありませんか。

（平成29年10月1日号掲載）

333

芸術、食欲、スポーツ、読書… 満載、〝岐阜の秋〟到来

日本人の感性の豊かさは、日本の四季の変化によるところが大きいのではないでしょうか。その四季の中でも、厳しい冬の寒さに耐えた木々が芽生え、鳥がさえずり、動物たちの生命の鼓動があふれる春とともに、厳しい夏の暑さの後に訪れる、天高く馬肥《こ》ゆる豊饒《ほうじょう》の秋は日本を代表する季節と言えるでしょう。地球温暖化が進む昨今、蒸し暑い夏の後の秋の訪れが一段と待ち遠しいのは私だけではないでしょう。太平洋高気圧からの湿気もなくなり、いやが上にも私たちの食欲、知識欲、創作意欲を高めるさわやかな秋は、食欲の秋、読書の秋、芸術の秋などさまざまな形で表現されます。

芸術の秋には全国各地でさまざまな美術展が催されます。岐阜市でも10月5日から11

月23日までの約50日間、特別展「レオナルド×ミケランジェロ展」を岐阜市歴史博物館で開催しています。この展覧会は、今年1年を通じて行っている信長公の岐阜入城・岐阜命名450年記念特別協賛事業として企画されました。岐阜市の姉妹都市イタリア・フィレンツェ市からお借りしたレオナルド・ダ・ヴィンチとミケランジェロ・ブオナローティ両巨匠の作品を中心に約70点が展示されており、初日の10月5日にはイタリアのセッジョレ劇団による「生涯のライバル　レオナルドとミケランジェロ」という対話劇も上演されました。

日本でもおなじみのこの二人の巨匠は23歳の年の差はあったものの、宿命のライバルとも言われ、お互いを強く意識し、刺激し合うことでイタリア・ルネサンスをより高みに導いてくれたのではないでしょうか。展示作品の中で特筆すべきは、最近になってミケランジェロの作品と判明し今回が日本初公開となる「十字架を持つキリスト」という2メートルを超す巨大な大理石像です。ミケランジェロが大理石を彫っていたところ、顔の部分に黒い筋《すじ》が現れたため途中で彫るのを止めたと言われており、長い間所在不明だったものが2000年にローマ郊外の修道院で見つかったのだそうです。

10月にはフィレンツェ市の副市長一行もセッジョレ劇団とともに来岐されるなど、今、岐阜市は本場イタリア・ルネサンスの雰囲気に満たされています。この機会に、岐阜市の芸術の秋を大いに満喫しようではありませんか。

（平成29年10月15日号掲載）

334

ロボット全盛時代と「心」

昭和30年代から40年代にかけて手塚治虫作の「鉄腕アトム」が初の国産テレビアニメとして一世を風靡《ふうび》しました。当時小学生だった私もそのSFマンガに大いに魅了された一人でした。当時のことですから、まさか人間の言葉を話し、空を飛ぶロボットの存在など夢のまた夢という世界でした。アトムはさまざまな能力を備えていたにもかかわらず、芸術や自然への感動や恐怖心などの複雑な感情を持てないことに悩んだ末に、お茶の水博士に人造心臓を取り付けてもらい人間と同じ感情を持つに至ります。しかし両親を救うための戦闘でせっかく手に入れた人としての感情である「恐怖心」が災いしたことからその人造心臓を破壊する云々というストーリーで、人間的感情に対する悩ましい葛藤《かっとう》が印象的でした。

さて昨今は第４次産業革命の重要性が叫ばれ、ＩｏＴ（家電や工場生産工程などモノがネットワークにつながり、相互に制御する仕組み）、人工知能（ＡＩ）、ロボット、ビッグデータなどを語らずして将来の産業像、国家像を描けない時代が到来したといっても過言ではありません。こんな中、政府は２０２０（平成32）年度から全国の小中学校でプログラミング教育を導入すると決めました。岐阜市では国に先駆け今年度から、市内全ての小中学校でプログラミング教育を導入しました。これからは人工知能に考えてもらい、ロボットに肉体労働をしてもらうことで、今まで人が従事してきた多くの仕事が人工知能やロボットに取って代わられようとしています。ほとんどの業務をロボットがこなす「変なホテル」という一風変わったホテルも登場し大いに好評を得ているようです。

しかし人工知能やロボットが人間のすべての仕事に取って代わることができるわけではありません。人間ならではの心（感情・感性）を必要とする芸術や文化などの創作活動、人の身体や心の痛みへの理解が必要な看護や介護の分野など、人が活躍しなければいけない仕事は山ほど残っています。またこれらの人工知能やロボットには人が心(命)

を吹き込む作業が必要です。それがプログラミングです。ロボットの動かし方、話し方を人間がプログラムしてあげることで初めてロボットは働き、考えるのです。

最近「シンギュラリティ２０４５」と言われます。今から30年後の２０４５年には人類の知恵の総和（総合計）を人工知能のそれが上回る時代が到来するというのです。ロボットや人工知能はあくまでも人の能力を拡張させるものであるべきです。岐阜市民病院で最近導入した手術支援ロボット「ダヴィンチ」は医師の負担軽減と手術精度の向上に大いに役立っています。人が作ったロボットや人工知能が人の制御不能になることなど、ＳＦ（空想）映画の世界の話にとどまってほしいものです。

（平成29年11月1日号掲載）

335

さらなる高みを目指して！ 岐阜の風流・ぎふ長良川鵜飼 閉幕

去る10月15日、今年の長良川鵜飼も無事終了しました。昨年は、船頭さんの事故もあり波乱の幕開けとなりましたが、今年は事故もなく無事にシーズンを終えることができ大変うれしく思います。長良川鵜飼は一昨年、国の重要無形民俗文化財に指定されました。今年の2月には中国雲南省の大理州を訪問の上、日本と中国が共に手を携《たずさ》えてユネスコの無形文化遺産登録を目指すことを確認、さらなる高みに向かっていくことになりました。東京オリンピック・パラリンピックが開催される2020年までに訪日外国人観光客数を4千万人にしようと、政府は日本遺産の制度の創設をはじめ、地方の観光資源の発掘、発信のためのさまざまな施策を実施しています。1300年の歴史を誇り、漆黒の闇の中で宮内庁式部職・鵜匠により繰り広げられる古典絵巻・長良川鵜飼は、多くの観光客によりＳＮＳなどを通じて国内外に発信され、今後とも岐阜市を代表する観光資源であり続けることでしょう。

織田信長公岐阜入城・岐阜命名４５０年の今年、鵜飼観覧船乗船客数は8年ぶりに11万人の大台に乗りました。娯楽が多様化する現代にあっても伝統文化に対する根強いファンがいることは大変に心強いことです。岐阜市では毎年、市内の小学校の5年生に鵜飼観覧の機会を提供することで、潜在的な鵜飼ファンを増やす努力をしています。今年も岐阜高校の英会話クラブ（ＥＳＳ部）の皆さんがボランティアとして、外国人観光客に対して英語による鵜飼説明をしてくれました。このように岐阜市固有の地域資源である鵜飼を市民がこぞって盛り立てていくことは、本市が誇る伝統の継承だけではなく、本市の観光産業の振興にも大いに寄与してくれます。

さて、このように本市にとってかけがえのない固有の地域資産であり歴史資源でもある鵜飼にも課題が無いわけではありません。全国的に押し寄せる少子化の波は農業や中小企業の担い手不足・後継者不足という深刻な問題を引きおこしていますが、一子相伝《いっしそうでん》で受け継がれてきた鵜飼も決して例外ではありません。今後とも持続可能な長良川鵜飼にしていくため、後継者の在り方についても今から議論を深めていく必要があります。「事前の一策は事後の百策に勝る」です。

（平成29年11月15日号掲載）

336

３００万人達成！ 教育立市ぎふの拠点「ぎふメディアコスモス」

去る11月23日、「みんなの森 ぎふメディアコスモス（メディコス）」開館以来の総来館者数が３００万人となりました。旧市立図書館の年間来館者数約15万人のペースでいけば20年かかる３００万人を、開館からわずか2年４か月で達成できたことは当初の期待を大きく上回り、市民の皆さんの潜在的な需要がこんなにあったのだと改めて驚かされました。メディコスは知の拠点たる中央図書館を中心に、文化の拠点、絆の拠点から構成される複合施設で、市民の皆さんに大いにご利用いただくことで、今や教育立市ぎふを代表する施設にまで育てていただきました。将来その南側に市役所新庁舎が完成の暁《あかつき》には、両施設の相乗効果で更に多くの皆さんにご利用いただけるものと確信しています。

みんなの森　ぎふメディアコスモス 300 万人達成セレモニー

各施設の利用率は年々増加傾向にあります。特に「おどるスタジオ」や「あつまるスタジオ」の利用率はなんと１００％になっています。開館から1年以内に文部科学大臣が3回も訪問された図書館は日本広しといえどもメディコスだけでしょう。私は「岐阜市の珍百景」と勝手に名付けていますが、週末や祝日には9時の開館前ともなると老若男女入り混じった長蛇の行列を見ることができます。座席数が９１０席と十分あるにもかかわらず、朝から図書館の前に行列ができる光景はまさに珍百景と言えるのではないでしょうか。

　メディコスができてから図書館利用者の年齢層も変わってきました。旧市立図書館では約

30%だった40歳未満の利用者の割合が、メディコスでは約60%と倍増し、特に若い人たちに好評を博《はく》しています。またグローブと呼ばれる大きな布製の傘から差し込む自然の光や、地下水や太陽光を利用した省エネかつ人にやさしい室温、ほのかに漂《ただよ》うヒノキの香りは親環境、親人間的空間を提供してくれています。絵本を持って戯《たわむ》れる幼児のかすかな声が聞こえる中、試験の準備なのか必死で参考書と向き合う中高生などのヤング・アダルト、黙々と資料を調べる働き盛りのサラリーマン風の人など、老若男女を問わず知的刺激を楽しむ様はまさに教育立市ぎふの目指す姿そのものです。ぎふメディアコスモスのますますの隆盛を期待しています。

（平成29年12月1日号掲載）

337

回顧2017年〝時代の変革〟とともに

今年も1年が暮れようとしています。実感のない景気回復とも言われた年でしたが皆さんにとってはどんな1年でしたか。米国トランプ大統領の誕生で波乱含みの幕開けとなった今年も、仰々しく喧伝《けんでん》された割には結果の伴わない、何か〝大山鳴動《たいざんめいどう》してネズミ一匹〟感のある年だったと思うのは私だけでしょうか。家電、自動車、製鉄など、各方面で歴史ある大企業が次々に粉飾決算、製品検査データの偽装・改ざん、長時間労働問題などに揺れ動き、過去の権威が雪崩《なだれ》を打って崩れていった1年でもあったような気がします。

従来型の産業から新たな産業へと世界的な産業構造の変革が起こった年でもありまし

た。家畜に頼っていた労力を機械へと移行した第1次産業革命、電力などで大量生産を可能にした第2次産業革命、電子技術などによる生産の自動化、効率化が進展した第3次産業革命に続き、現在世界的に起こっている人工知能（ＡＩ）、ＩoＴ、ビッグデータなどを駆使した産業構造への変革は第４次産業革命と呼ばれています。このような時代にあってわが国は早急に知識社会への転換をはかることが不可欠で、今後それを支える教育の重要性がますます叫ばれることでしょう。加えて社会的、経済的安定により世界の人々の関心は他国、他地域にも向けられるようになり、世界的大移動時代を迎えています。２０２０年東京オリンピック・パラリンピックを控え、わが国における旅行・観光産業の重要性もますます高まっていくことでしょう。

また、人生１００年時代における新たな生き方の構想の重要性が声高に叫ばれた年でもありました。私たちの周りにはお元気な高齢者の皆さん（本市ではぎふスーパーシニアと呼んでいます）が溢れ、新たな力の源泉と位置付けられています。

このような時代背景を受け、本市では今年1年さまざまな事業に取り組んできました。小中学校における人型ロボットＰｅｐｐｅｒ《ペッパー》を活用したプログラミング教育の開始、知・絆・文化の拠点「みんなの森 ぎふメディアコスモス」来館者総数３００万人の達成、レオナルド×ミケランジェロ展や信長公ギャラリーなど数多くの事業に彩られた「岐阜市信長公４５０プロジェクト」、岐阜公園三重塔修復整備事業などによる観光立市・岐阜の発信、新庁舎実施設計発表による災害への備え、連携中枢都市圏形成に向けた本市と3市3町との連携協約締結による広域水平連携体制の確立など枚挙にいとまがありません。今後とも未来にしっかりと照準を合わせて、事前の一策を念頭に市政を進めていきます。

（平成29年12月15日号掲載）

338

新たな時代の幕開け 2018年

新年明けましておめでとうございます。市民の皆様には輝かしい新年をお迎えのこととお慶び申し上げます。2018年、平成30年の十干十二支《じっかんじゅうにし》は「戊戌《つちのえいぬ》」っです。植物の成長が絶頂期にあることを示す「戊」、草木が枯れる状態を示す「戌」、このいずれも「茂《しげる》」がもとになっているという説もあるそうです。「茂」を含む名前を持つ私にも何か縁《えにし》のある年かもしれないなと感じています。草木が生い茂る様と、枯れる様。相反する意味の組み合わせである「戊戌」の今年に大きな変化の予感を感じるのは私だけでしょうか。

生者必滅栄枯盛衰《しょうじゃひつめつえいこせいすい》は世の習い。「生あるものいつかは滅す」ものです。生い茂る『今』の『自分』を思う存分に生きることが大切です。アルフレッド・アドラーの『嫌われる勇気』

にあるように、他人の目や他人の評価ばかりを気にするあまり他人を生きてしまうのではなく、「自分を生きる」そんな1年でありたいものです。人生100年時代を生き抜くためには確固たる信念と変わる勇気を持って果敢に次のステージに挑戦しなければなりません。今年はその挑戦の元年と心得てみんなで一歩前に踏み出そうではありませんか。

岐阜市では平成30年度行政経営基本方針の考え方を「貫く底流～前例なき時代への通奏低音《つうそうていおん》～」としました。今までに経験したことのない事態が次から次へと押し寄せる前例なき時代にあって、それらの変化に対し柔軟かつしなやかに対応しつつも、一方で「教育立市ぎふ」や「徹底的な行財政改革による盤石な財政基盤の確立」など岐阜市が脈々と築き上げてきたDNAともいうべき政策や行政経営の理念をレガシー（遺産）として継承していくことの重要性を示しているものです。今年も市役所新庁舎建設事業や高島屋南地区市街地再開発事業、消防の広域化や連携中枢都市圏の形成など岐阜市の将来にとって重要なテーマがめじろ押しです。

本年も市民こそが主役という市民目線の行政をけっして忘れず、謙虚かつブレることなく邁進《まいしん》していかねばなりません。岐阜市の煌《きらめ》く未来は市民の皆さんの双肩にかかっています。今年も市民と行政が協働してまちづくり、人づくりに頑張っていこうではありませんか。

（平成30年1月1日号掲載）

339

グッド・ジョブ（やったね）ぎふ！ グッド・ラック（がんばれ）ぎふ！

平成15年から15年間にわたってお届けしてきたこの「市長の元気宅配便」も、いよいよ残すところ今回の1月15日号（３３９号）と次回の2月1日号（３４０号）の残り2回のみとなりました。長年にわたり拙稿をお読みいただいた方々には心から感謝申し上げます。市民の皆さまに少しでもいいから「元気」をお届けできればとの思いで始めたこの「市長の元気宅配便」ですが、いざ筆を置くとなると一抹《いちまつ》の寂しさを覚えます。市民の皆さまのあたたかいご支援やご指導のおかげで16年間にわたり市長の重責を全うできた私は、本当に幸せ者だったなと心から感謝申し上げます。

市政の重要な役割の一つは、市民の皆さまの夢や期待を聴きそれを具体的な形にしていくためのお手伝いをすることだと思います。そのため16年前、私が市長に就任して早々「ホンネトーク1000」と称して、さまざまな機会をとらえて直接市民の皆さんから夢や期待を聴く取り組みを始め、開始から1年半で目標の1千回の対話を達成しました。そしてその結果、岐阜駅周辺の再開発や北口駅前広場整備事業、市民病院の改築、みんなの森 ぎふメディアコスモス建設事業、更には今後予定される市役所新庁舎建設事業など、多くの事業が市民の皆さまの努力と熱意の成果として結実しました。グッド・ジョブぎふ！「よくやったね岐阜市（民）！」と私からも皆さんに絶大なる賛辞をお贈りしたいと思います。

また、時には私のほうから市民の皆さんに向かって、「教育立市ぎふ」や健康寿命の延伸に向けた「スマートウエルネスぎふ」などを提案・提唱させていただきました。私は商社マン時代の経験から、資源小国日本の本当の強さは、日本人持ち前の強靭《きょうじん》な精神力と勤勉性に加え、新たな価値を生み出す豊かな創造力であると信じています。それらの力を育むのが「教育」であり、「教育立市ぎふ」こそ本市が飛躍するための原動力になると確信しています。また人生100年時代にあって、〝歩いて健康寿命〟を伸ばす

「スマートウエルネスぎふ」の取り組みは重要な意味を持ちます。できるだけ医療や介護のお世話にならず、家族や友人など多くの人々と絆で結ばれ、生きがいのある人生を送るための大前提は、なんといっても自らの精神力と健康です。「健全なる精神は、健全なる肉体に宿《やど》る」と言われます。また逆に「健全なる肉体は、健全なる精神で作られる」とも言えるのではないでしょうか。「スマートウエルネスぎふ」と「教育立市ぎふ」の取り組みで強い精神力と肉体を育み、知的環境を楽しむ市民であふれるまち。そんな煌《きらめ》く岐阜市であることを願ってやみません。グッド・ラックぎふ！「がんばれ岐阜市！」「岐阜市民ならできる！」。

（平成30年1月15日号掲載）

340

最後に一言　永遠に「強い岐阜市」たれ！

平成15年7月1日号以来15年間にわたって書き綴《つづ》った「市長の元気宅配便」も今回の2月1日号（340号）でいよいよ最終回となりました。素晴らしい岐阜市民の皆さん、本当にありがとう！　平成14年2月25日の岐阜市長就任から16年間、岐阜市民の皆さんとともに仕事ができたこの5840日間は、私の一生の思い出として心に深く刻まれました。家族や多くの友人の顔を思い浮かべながら、生まれ育った故郷・岐阜市の課題や将来についてこのコラムで論ずることができた私は本当に幸せ者でした。

私の市長としての16年間も、120年を超える岐阜市の歴史から見ればほんのわずかなページにしか過ぎません。岐阜市という大樹は、これからも新しい年輪を更に幾重にも重ね、太い根を張って、どんな厳しい環境にあっても、ビクともせず耐え続けることのできる「強い岐阜市」に育っていくことでしょう。そんな大きな期待を込めて今年の一字を「強」としました。さて何事も一朝一夕では成し遂げられません。大樹の年輪も1年に一輪しか増えません。積小以大《せきしょういだい》と言われるように、地道に小さなものを積み重ねていって、はじめて大きな志や目標を達成できるのです。これからも決して慌《あわ》てることなく、先人の築いた歴史や資産の上に、自分たちの時代の叡智《えいち》や努力を一つ一つ地道に加えていってほしいと思います。

「不易流行《ふえきりゅうこう》」は俳諧《はいかい》で有名な松尾芭蕉の言葉です。「不易」とはどんな時代にあってもけっして変えない、変わらないもの。「流行」とはその時代・時代にあって、時流に合わせて変えていく、変わっていくものと言えるでしょう。最近は、人工知能などに代表される第4次産業革命の時代と言われたり、あるいは人生100年時代と言われたりします。このような未知の時代における未知の事態に対しては、過去にとらわれない斬新な政策と対応（流行）が求められます。しかし一方で従来から一貫して地道に続けてきている通奏低音とも言える基本的な政策、本市で言えば人間を最優先に考える「教育立市」や、政策を遂行するために不可欠な健全財政を確立するための「徹底した行財政改革」などはいつの時代にあっても変わらぬ最重要課題（不易）なのです。芭蕉翁が言うようにこの「不易」と「流行」のバランス（調和）をしっかりと取りながら岐阜市が永遠に発展していってほしいと願っています。

最後にもう一度　岐阜市民の皆さん、ありがとう！ グッド・ラック岐阜市！

（平成30年2月1日号掲載）

※本書は岐阜市発行の「広報ぎふ」平成25年1月1日号から平成30年2月1日号に寄稿された「市長の元気宅配便」121編を加筆し、まとめたものです。名称、肩書き、数値などは掲載時のままです。

細江《ほそえ》　茂光《しげみつ》のプロフィール

昭和 23 年 4 月 18 日　岐阜市生まれ

◎ 経歴

昭和 46 年 3 月　京都大学法学部卒業
昭和 46 年 4 月　三井物産（株）入社
　米国（シアトル、ロサンゼルス）12 年間勤務
　物資開発本部サービス事業開発部長などを歴任
平成 14 年 2 月　三井物産（株）退職
平成 14 年 2 月　岐阜市長就任
平成 18 年 2 月　岐阜市長再選（二期目）
平成 21 年 1 月　岐阜市長三選（二期目継続）
平成 22 年 2 月　岐阜市長四選（三期目）
平成 26 年 2 月　岐阜市長五選（四期目）
平成 30 年 2 月　任期満了に伴い退任

◎ 主な役職（退任時）

全国市長会相談役
東海市長会副会長
岐阜県市長会会長
中部直轄河川治水期成同盟会連合会会長
全国治水期成同盟会連合会副会長
文部科学省教育再生実行アドバイザー

続・事前の一策　元気宅配便

2018 年 3 月 26 日

著　　者　細江茂光
発　　行　株式会社岐阜新聞社
編集・制作　岐阜新聞情報センター出版室
〒 500-8822　岐阜市今沢町 12
岐阜新聞社別館 4 階
TEL 058-264-1620（出版室直通）
印　　刷　西濃印刷株式会社
〒 500-8074　岐阜市七軒町 15
TEL 058-263-4101（代表）

ISBN978-4-87797-254-7　C0030